選ばれる人になる「パーソナル・ブランディング」の教科書

ブランドコンサルタント
守山菜穂子 著・イラスト
Naoko Moriyama

三笠書房

Prologue

ブランディングであなたの人生が強く輝く！

こんにちは。ブランドコンサルタントの守山菜穂子《もりやまなおこ》です。

私は今までに、経営者やタレント、文化人、政治家、弁護士、医師、クリエイターなど、名前と実力で勝負している「選ばれる」人たちや、ステップアップや転職を望む会社員、起業したい人など、国内外問わず、２５００人以上のビジネスパーソンのブランディングを支援してきました。

ブランド構築のプロを養成する機関「一般財団法人ブランド・マネージャー認定協会」では、エキスパートトレーナーを務め、現在は後進の指導にもあたっています。

本書は受講生からの評価が高い「パーソナルブランディング講座」のエッセンスと、私が独自に開発した個人ブランド作りのノウハウを、書籍用にまとめ直したものです。

10代から80代まで、幅広い年代の人にご提案してきたパーソナル・ブランドの構築、発信、ポートレート撮影などのノウハウは、今まで私の頭の中にだけありました。

しかし、受講生から「講座・コンサルの内容を本にまとめてほしい！」とリクエストされることが相次ぎ、「確かに本があれば、遠方から私の講座を受けに来たり、セミナーが満席でお待たせすることもなくなる」「自分には個性がない、存在感がない、選ばれないと悩んだり、苦しむ人をもっと減らせる」「誰にでもわかりやすい本を作るのが、私の次の使命かもしれない……」、そう考えるようになったのです。

そして、私が持っているすべての知識と技術、ブランディングへの情熱と愛を詰め込んだこの本が、出来上がりました。

私がブランディングを支援してきたクライアントたちは皆、存在感、認知度、信頼度、収入などをみるみるUPさせ、人生をダイヤモンドのように輝かせています。

あなたも必ず、ブランディングで「選ばれる人生」に変わることができます。

今、ここから始まる「自分らしさ」を探求する旅に、一緒に飛び立ちましょう！

ぜひ楽しみながら、ついてきてください。

Contents

Chapter 1 頑張っているのに、報われないのはなぜ？

Chapter 2

「パーソナル・ブランディング」で選ばれる人になる!

Chapter 3

「自分らしさ」を見つけて、ブランドの核《コア》を作る

ステップ❶ 自分を知る

Chapter 4

ステップ❷ 違いを出す

「自分ブランド」を確立する

Chapter 5

強く輝く「自分ブランド」を作るコツ

ステップ❸ 発信する【身体編】

ステップ❸ 発信する【ツール編】

Chapter 6

選ばれる人の「自分ブランド」の伝え方

Chapter 7 選ばれる人の「メディア戦略」

Chapter 8

【お悩み別Q&A】パーソナル・ブランディングの処方箋《しょほうせん》

企画・編集協力 森田葉子（ことのはブランディング）

140〜143ページ
フォトグラファー 鈴木智哉（キリンニジイロ）
ヘアメイク 川村聡子（世界観ビジュアルメイク）
スタイリスト 吉川浩太郎（ファッションスタイリストジャパン）
モデル 須田珠希／渡邉祐人（アクエリアスモデルズ）

Chapter 1

頑張っているのに、報われないのはなぜ？

1-1

同じような実力でも、収入や影響力がまったく違うのはなぜか

「あの人はアピールがうまいだけなのに、なぜ上司や取引先から評価されるんだ？」

「自分より仕事ができないアイツが、先に出世するのは納得できない！」

「たいして実力は変わらないのに、あの人にお客様が殺到するのはなぜだろう？」


こんなふうに感じたことはありませんか？

今日もあなたは、目の前の仕事をきちんとこなし、周囲の人との付き合いにも心をくだき、家では家事や身の回りのことも精一杯やって、毎日を懸命に生きているはずです。それなのに、「自分は周囲に認められている実感がない」「人からあまり評価されていないかも」と、そんな歯がゆい思いを抱いているのだとしたら……？

私に言わせると、あなたが抱えるこうした「手応えのなさ」は、ただあなたが**「選**

ばれる技術」を知らないだけに思えてなりません。そう、あなたはこれまで、ひたむきだけど不器用に生きてきた。そのせいで、少しばかり人生をソンしているのです。

成功のチャンスは、周囲の「人」を介してやってきます。例えば、職場で新企画の担当に抜擢《ばってき》される。有力者に認められる。クチコミでお客様を紹介される。投資してくれる人が現れる。失敗してもなお、次のチャンスがもらえる。これらはすべて、あなたの力を認め、評価してくれた周囲の「人」によってもたらされるチャンスです。

こう考えると、**成功とは「人に選ばれること」**と断言できます。

たとえ、仕事のスキルはほぼ同じでも「人から選ばれるかどうか」で、地位や収入には大きな差が生じます。人からの評価や評判が数年、数十年と積み重なることで、影響力に違いが生まれ、仕事人生の成否が決まってしまうのです。

選ばれるために

「人から選ばれる技術」を身につけて、評価や評判を積み重ねよう

1-2

「サエない人生」から抜け出したくないか

かくいう私も、昔から周囲に認められ、選ばれていたわけでありません。それどころか、20代の頃は、選ばれるために出すぎた主張をして、周囲をヒヤッとさせるような、とてつもなく生意気な会社員でした。

仕事で評価されることに必死の毎日。クライアントに気の利いた提案をしたつもりが「上から目線だ」とお叱りを受け、担当をはずされた経験もあります。今思えば、選ばれるために自分自身を押し売りしていました。

逆に「選ばれるための競争」に疲れ果て、気配を消して働いていた時期もあります。「何をしても無駄だ」と思い込み、与えられた仕事をぼんやりとこなす日々。するとほかの誰かがかわいがられ、評価され、昇進していくのが目につき、嫉妬の感情が渦巻いてきます。

他人と自分を比べて、「私は誰にも認められず、褒められない。自分は選ばれない人間なんだ」と拗《す》ねることで、自分の存在価値を自ら落としていきました。

しかし、38歳で独立してからは状況が一変。現在は、全国の企業や自治体から指名で講演・セミナー依頼がひっきりなしに来るような毎日を送っています。

経営者、文化人、タレント、トップクリエイターなどからのコンサルティング依頼も後を絶ちません。一度も会ったことがない大企業の役員から、「契約前提で会いに来てほしい」と招かれることや、大手メディアから取材依頼が入ることもあります。

独立してから現在までの10年間、仕事は途切れることがないばかりか、収入も右肩上がりなので、「選ばれている」状態が続いているといえるでしょう。

私はもともとフツーの会社員でした。ですから、独立したときの知名度はゼロに等しいもの。ハッと振り向かれる、モデルのようなルックスや、特別なセレブ人脈を持ち合わせているわけでもありません。事業では宣伝費を一切かけていません。

ただ、私は**意図的に「選ばれる人」をやっています**。独立後、そう生きるようクセ付けたのです。

人から評価され、選ばれたくて、生意気な若手時代を過ごし、もがいていた私が**「選ばれる人の存在感」を「技化《わざか》」した。**

だからこそ、「選ばれる人生」に変わることができたのです。

評価されないのは、自分をうまく表現できていないだけ

では、どうすれば「選ばれる人」になれるのでしょうか？

人から選ばれるために必要なのは、**自分がそこにいるだけで「確かな存在」として周囲に印象付けること、すなわち「存在感」を出すこと**です。

これは目立つことや、主張が激しいこと、派手なこととはまったく違います。むしろ、「役割がはっきりしている」「地に足が着いている」「理解しやすい」といった表現のほうが近いでしょう。

存在感は、セレブやタレントなど、特別な人にだけあるものではありません。

どんな職業や年齢、あるいは学生やシニアでも、今日から存在感を上げて、「選ばれる人」になることはできます。

自分の存在感の、ちょうどいいあんばいを見つけると、生きていくのがとてもラクになります。つまり、**「選ばれる技術」とは、ちょっとトクのできる技**なのです。

「選ばれない人生」は、しんどいだけです。

あなたが今、何もしなければ、この先もずっとそのツラさが続くでしょう。何も変わらないどころか、歳を取るごとに、人が周りにいない寂しい人生になります。

ですから私は、ここで、あなたにお約束します。

もしあなたが今、選ばれない寂しさや悔しさを抱えているのであれば、その状況は必ず改善できます。**選ばれないのは、自分をうまく表現できていないだけ。自分をうまく伝えられていないだけ**だからです。

選ばれるために

自分で自分の「存在感」を上げよう

1-3

ぼんやりしていると、ほかの人ばかりがトクをする

「認められない」「選ばれない」という状況は、どういうときに起こるのでしょう。まずあなた自身が、「自分らしさ」についてよくわかっていません。わかっていないから、人に伝えることもできません。

その結果、周囲はあなたが「どういう人か」のイメージが湧かず、「よくわからない人」「印象がない人」と片付けています。当然ながら、わからない人をわざわざ選ぶことはありません。

「選ばれない」が起こるとき、こんな悪循環に陥っているのです。

しかし、あきらめないでください。たいていの人は同じ状況です。なぜなら、**「人から認められ、選ばれるための技術」**を、ほとんどの人は知らないからです。

「選ばれない」が起こるとき

あの人のイメージがとくにない
自分らしさがよくわからない
伝える努力もしていない
お客様
自分

知らなくて当然です。日本の学校では、これについてほとんど教わらないのですから。「選ばれる技術」は、先生も、親も知らない、一部の人だけが知っている、秘伝のような技術です。それを体系立ててしっかりつかんだ人だけが、誰にも知られずに、日々そっと実践しているのです。

あなたの周りにもいないでしょうか？

入社当時は自分と同じレベルだったのに、気が付けばメキメキと頭角を現し、上司や取引先から評価されている。いつの間にか転職や起業に大成功して、大きな資産を築いている。そんな「いったいどこで差が付いたのだろう？」と思うような人が。

実際、どんなに優秀でも、世の中から評

自分から伝えないと、他人があなたの
イメージを作り上げてしまう

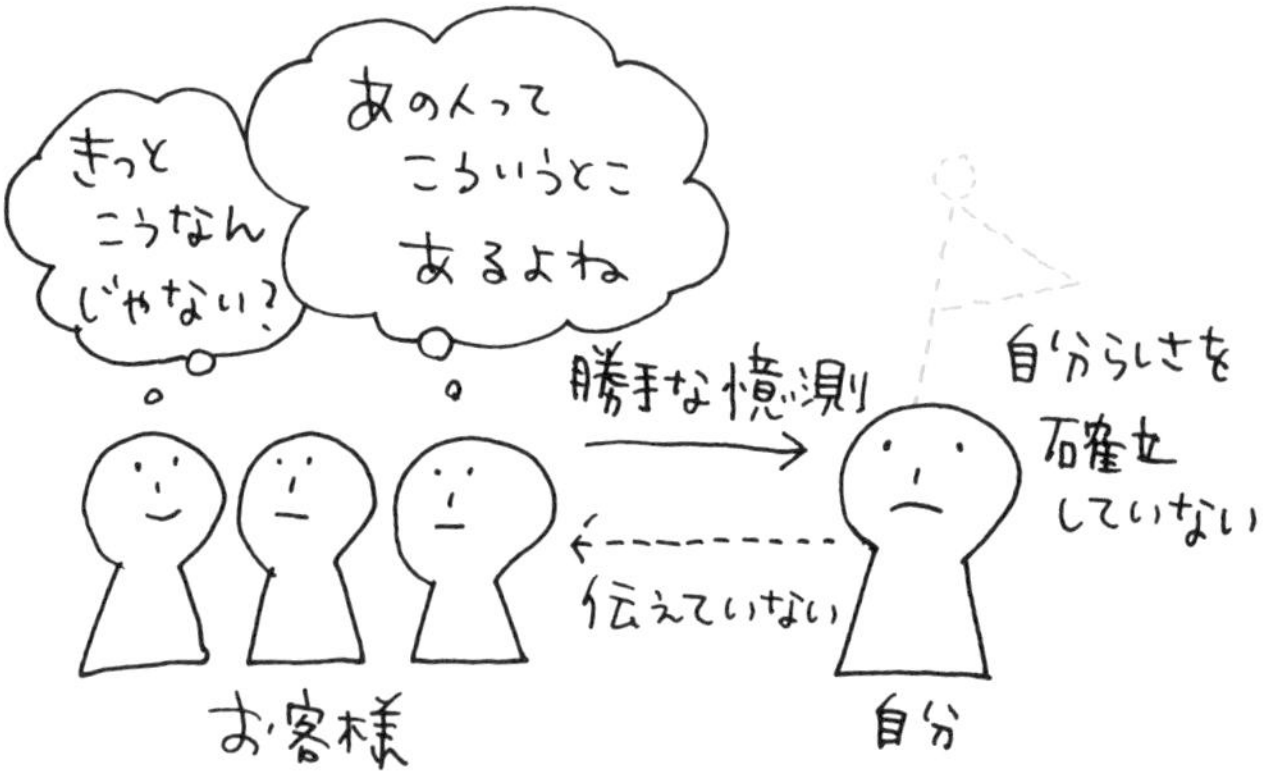

価されていない人はたくさんいます。

　いい仕事をしているのに出世できない、質の高い商品やサービスを提供しているのに顧客から求められないなど、実力はあるのに「選ばれない人」が大勢いるのです。

「自分のこと」を伝えていない人は、存在していないのと同じ

　そうはいっても、「自分のことを伝えるのは苦手」と感じている人は、とても多いものです。「目立ちたくない」「出る杭《くい》になりたくない」という声もよく聞きます。

　気持ちはわかりますが、自分で自分を発信しないと、**存在感のない「透明人間」**になってしまいます。

さらには、「あの人はきっと、こういう人なんだろう」という周囲の勝手な憶測を呼ぶことになります。それが積み重なることで、**他人があなたのイメージを作り上げるという、制御不能な事態まで引き起こしてしまう**のです。

自分という人間の解釈や、自分の存在感を他人に委ねるなんて、大きなリスクだと思いませんか？　日ごろ、「人から大事に扱われていない」と感じている人は、みんなこの状態に陥っています。

このまま透明人間として生きていくのか、存在感を放つ人生を生き直したいか。

ぼんやりしていると、ほかの人ばかりがトクをします。

「人に選ばれ、存在感を放つための作戦」を、今ここから一緒に始めましょう。

必要なのは、**「自分が認められ、選ばれる人になる」という覚悟**だけです。

選ばれるために

「選ばれる人になる」と覚悟を決めよう

1-4

「頑張っていれば、いつか誰かが認めてくれる」は大いなる勘違い

「こんなに頑張っているんだから、いつかきっと評価してもらえる」

そんなふうに考えて、自ら発信しないでいると、残念な仕事人生で終わるでしょう。

あなたは、目の前の仕事を頑張っていたら王子様が迎えに来たというおとぎ話や、殿様の草履《ぞうり》を温めていたら目をかけられて昇進したという昔話に憧れ、今もそれを夢見ているのでしょうか？　私に言わせると、それは**「選ばれる技術」を知らず、ただそこでボーッと時間を無駄にしているだけ。**

多くの人が、自分の仕事や努力が自然と認められることを期待します。しかし、例えば、自分の仲間や同僚の「頑張っていること」を見つけ、褒めて、その功績を周りに伝え、積極的に引き立てる行動を、あなたはどれくらいできているでしょうか？

少し考えれば、可能性が乏しいことに期待していたとわかりますよね。そう、**人は**

選ばれるために

自分で自分を認め、自分のことを周囲に伝えると決めよう

誰しも、自分のことで精一杯。忙しくて、他人のことまで気が回らないのが現実です。

頑張っているのに認められない、選ばれない状況が続くと、人はやがて頑張る気力そのものを失い、「学習性無力感」という心理状態に陥ります。「頑張っても報われないものなのだ」という無気力状態を学習してしまうのです。そうなると、行動すれば結果を変えられるような場面に遭遇しても、動けなくなってしまいます。

今、日本ではこんな大人や子どもが増えていると言われます。この人たちが集団を形成すると、場がしらけ、ひいては社会全体の生産性や活力まで奪っていきます。

頑張っているなら、いつか認められるのを待つのではなく、戦略的に自分を打ち出していきましょう。自分自身を認め、他者からも認められ、選ばれる。自分の存在がくっきりとしてくる。そんな喜びを、あなたと分かち合いたいのです。

1-5

「雇われ会社員」が、没個性で生き残れる時代は終わった

雇われの会社員が、没個性で生き残れる時代は終焉しています。

まず社会的な背景として、超少子高齢化が進む日本は今、圧倒的な人手不足です。そのため多くの企業では、一部の業務をＡＩやコンピュータに置き換えることで労働力を補う動きが顕著です。そのインパクトは、ひとつの部署が消滅するほど大きなもので、会社によっては数百人単位の仕事がごそっとなくなるようなことも当たり前に起きています。いくら人手不足とはいえ、消滅した部署で働いていた人は、会社にとっては「不要な人材」です。雇用され続けるには、**会社内における自分の存在価値を具体的に示す**必要があるのです。

また昨今、多くの企業が、**「年功序列型」**から**「成果主義型」**へ、さらには**「ジョブ型雇用」への転換**を進めています。成果主義型では、給与が高くなる傾向がありま

すが、そのぶんアピール力も必要になります。自分の才能や素質、技量を明確にし、きちんと周囲に伝えられる人だけが認められ、昇進・昇格し、給与がアップしていく。要するに、「入社したら安泰」ではないのです。

人材業界では**「タレントマネジメント」**という考え方が広がっています。きらびやかな芸能界の話ではありません。会社員一人ひとりが持つタレント（才能、素質、技能、経験値など）を数値化することで、結果を出す仕組みを整えようというものです。

この考え方では、個性がない社員は、会社にとって魅力的な人材ではなくなります。得意ジャンルが見えないから、チーム編成に組み込みにくい。何を考えているかわからないので、課題を共有しにくい……。このような、特徴がなく能力が明確でない、その他大勢の「群衆その1」の行き着く先は、リストラしかありません。

ゆえに、会社員でも「個性」や「存在感」を磨き続ける必要があるのです。

選ばれるために

「群衆その1」から抜け出し、自分の価値と魅力を発信しよう

1-6

AIに代替されない人になる！

近年「AIやロボットに置き換えられる職業」がよく話題になりますが、実は、自分の職業がなくなるか、なくならないか、問題はそこではないと私は思っています。なぜなら、「なくなる職業」は、人口減少が叫ばれている社会全体で見ると、**そもそも人間がそんなことをしている場合ではない、さっさとAIやロボットに任せて人間はほかにやるべきことがある**という仕事だからです。

私たちは人間として、人間しかできない価値を提供する使命があります。

今やるべきことに注力していれば、その延長線上に次なるキャリアが見える……という「現在志向」の考え方では、この先、人生は必ず破綻します。前提となる「今」が、めまぐるしく変化しているのですから。

ＡＩと共存する社会を、ひとりの人間として生き抜くためには、「未来」を考える姿勢が絶対的に求められます。**「未来志向」の生き方**です。

そこで、まずは**自分の5年後、10年後、20年後のありたい姿や目的地を、できるだけ具体的にイメージ**しましょう。そのビジョンの達成に向けて、取るべきアクションプランを策定し、それに従って行動していくのです。

「人柄《ひとがら》」はＡＩに代替されない

人が提供する価値は、**「機能的価値」**と**「情緒的価値」**の2つに分類できます。

ＡＩやロボットに置き換えられるのは機能的価値、置き換えられないのは情緒的価値です。

機能的価値とは、**商品やサービスの機能や性能がもたらす価値のこと**です。

例えば弁護士だったら「法律の知識があり、状況に応じてその知識を提供できる」こと。医師であれば、「病気を診断できる医療的知識があり、手術や薬の処方などの医療的技術、能力がある」ことを指します。営業や販売の仕事に従事する人であれば、「商品を理解し、提案して、お客様と販売契約を結ぶ」といった一連の業務ができる

「機能的価値」と「情緒的価値」

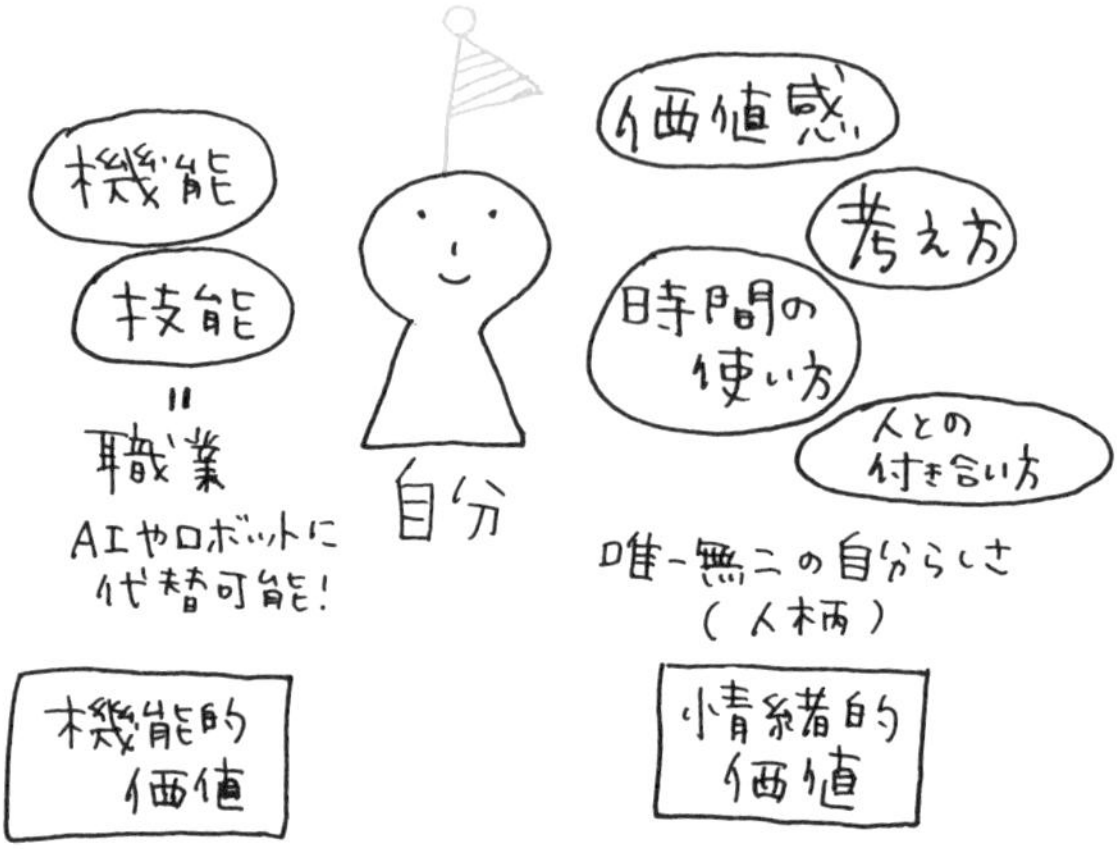

ことですし、トレーナーやインストラクターであれば「特定の技能をお客様に教え、それができるように指導する」ことです。これらの**機能的価値は、すべてAIやロボットで代替できる**と言えます。

一方、情緒的価値とは、**商品やサービスを使ったときに、人の感情に訴えかけてくる価値のこと。**すなわち、価値観や考え方、時間の使い方、人との付き合い方など、人柄に関わる部分です。人が持つ豊かな人間性や、感情、想像力、そして未来を描く力などが「この人と一緒にいたい」という感情をもたらします。

情緒的価値は、唯一無二の自分らしさを

作るものであり、AIやロボットでは決して代替することができません。
優しさや愛情、楽しさ、温かさ、安心感、面白さなどを、愛しく感じられるのは、そこに人の心を揺さぶる、人間ならではの情緒的価値があるからなのです。

AI時代を生き抜くために私たちに必要なのは、**どうしたら自分の情緒的価値を高めることができるか**、徹底的に考えることです。それは結果的に、自分のビジネスにおける価値を高めることにも直結します。

さらに、**自分の情緒的価値を周囲に伝える努力**も必要です。それは同レベルのスキルの人がひしめく集団で、自分が「群衆その1」から抜け出すきっかけにもなります。

未来を怖がっている場合ではありません。
今からでも、やれることがあるのです。

選ばれるために

「この人と一緒にいたい」と思われる人になろう

1-7

選ばれて生き抜くための「パーソナル・ブランディング」

「周りから認められず、もがいている」「AIに仕事を奪われる恐怖に怯えている」、この本を手に取ったあなたは、そんな漠然と悩んでいる状況から脱却しましょう。

これからの社会を生き抜くビジネスパーソンに必須のスキルが**「パーソナル・ブランディング」**です。

パーソナル・ブランディングは、**自分の姿を自分が望むようにお客様に伝え、あなた個人の魅力でお客様に選ばれるようにするための技術**です。

自分自身の立ち位置をはっきりさせ、お客様に伝わりやすいかたちに整える。

これによってあなたの個性が強く輝き、存在感を確立できるから、お客様に認められ選ばれるようになるのです。

没個性ではなく、存在感を確立したあなたは、望む人脈や、理想の仕事を増やして

選ばれるために

ブランディングを取り入れ周囲から一目置かれる存在感を確立しよう

いくことができます。あなたにしかできない仕事が見つかり、あなたらしい生き方をしていることが伝わるので、周囲から一目置かれ、認められていきます。

選ばれない、サエない人生だったことは、遠い記憶の彼方へと消え去り、あのとき感じていた選ばれない寂しさや、悔しさはすっかり過去のもの。ＡＩやコンピュータに仕事を奪われる不安もなくなり、自信を持って仕事ができるようになっています。成果主義の導入でリストラに怯えている同僚たちとは、もはや一線を画す存在です。

同業者と一緒くたにされる心配もなく、「一緒に仕事がしたい」と、周囲には人が集まってきます。「あなたにお願いしたい」と指名の仕事も増えてきます。収入も上がり、充実し、喜びに満ちた毎日を送ることができるようになります。

さあ、いかがですか？　自分の存在感を確立させる心の準備はできましたか？

この先に待っているのは、**あなたがいつまでも自分らしく輝き続ける人生**です。

1-8

会社の看板から、自分の看板へ

「ブランド」「ブランディング」という言葉を聞くと、「それって、大きな会社が取り組むことでは？」と考える方もいるかもしれません。

確かに企業のブランディング活動は花盛り。生き残りをかけて、多くの企業が戦略的にブランディングに取り組んでいます。

しかし、**ブランディングは企業や組織だけのものではありません**。会社のブランディング活動に身を任せ、自分個人は何もしないでいると、会社というブランドを構成する「群衆その1」「駒のひとつ」として、自分自身を見失うことになります。

会社の看板を背負いすぎて、もはや会社と一体化している人たち

例えば、日本の商習慣では、取引先や営業先で自己紹介するとき、「○○社です」

会社名だけを名乗っていると
自分が失われる

などと会社名だけを名乗り、自分の氏名を名乗らないことがあります。

愛社精神といえば聞こえがよいですが、その実、「替えが利く、会社の一兵卒です」と自ら言っているようなもの。**自分と会社が一体化してしまい、自分という個性が失われている危険な状態**です。

自分の名前を名乗るのが面倒で、会社名だけを名乗っているという人はいますか？　ここまでお読みになったあなたは、それもだいぶ危険な状態とわかりますよね。

また逆に、相手から自分の氏名ではなく、「○○社（会社名）さん」「○○（業務名）さん」と呼ばれることもあります。

その場合、相手はあなたのことを確かに「会社や業務を代表する人間」と捉えているので、名誉なことという考え方もあります。ただ、個人としてのあなたをまったく記憶していないか、個人に興味がない可能性もあります。「あなた」個人と付き合っているのではなく、「会社」や「業務」のみと付き合っているのです。

こんな自失状態からは今すぐ脱却し、会社ブランドとは別に、**「自分ブランド」**を確立しましょう。

現在勤めている企業、職業や役職、経験値、年齢などは関係なく、どんな人でも自分自身をブランド化できます。あなたもブランドになれるのです。

会社と付き合っているのか、私と付き合っているのか

私が前職の会社を退職するとき、こんなことがありました。

長年の取引先に「会社を退職して独立します」と伝えたところ、反応が大きく2つに分かれたのです。

ひとつは「退職されるのですか。それは残念です。ところで、後任の方はどなたで

しょう？」という反応。もうひとつは「退職されるのですか。守山さん、今後は何をされるのですか。SNSで直接つながってもいいですか？」という反応でした。

前者は、私の「勤め先」と取引していると捉えていらしたようで、後者は担当者である「私個人」に興味を持っていただいたようです。

どちらの反応も面白いので、私は取引先の皆さんを興味深く観察しました。仕事の関係が濃く、個人的にも仲がよいお取引先と思っていた人が、実は「会社と付き合っていた」とわかったときは、苦笑するばかり。

逆に在職中、さほど関係が深いとも思えなかったのに「個人的につながりたい」と言ってくださる人もいて、本当に嬉しく、長いお付き合いをしたいと思いました。

これが、16年間会社員をやった私が、「会社ブランド」と「自分ブランド」を分離して考えることができた最初の出来事でした。

選ばれるために

自分自身を「ブランド化」しよう

Chapter 2

「パーソナル・ブランディング」で選ばれる人になる！

2-1

「パーソナル・ブランディング」は収入アップの源泉

選ばれる人になるための技術、それが「パーソナル・ブランディング」です。パーソナル・ブランディングに取り組むと、大きく4つのメリットがあります。

❶ 存在感が上がり、選ばれるようになる
❷ 認知度が上がり、やりたい仕事、適した仕事が来る
❸ 信頼度が上がり、仕事が進めやすくなる
❹ 自分の価値を高く売ることができ、収入が上がる

人生100年時代、私たちはこの先、かつて人類が経験したことがないほど長い時間、働くことになります。すでに定年70歳が国の指針となり、さらに定年制の廃止も

推進されています。70代でも働くことが「普通」の社会になりつつあるのです。
そんな長い仕事人生の中、歯を食いしばって望まない仕事を続けるのはしんどいに決まっています。生きていきたいですよね。

自分らしさが周囲に伝わり、仕事やお客様を選べる環境に身を置いて、**その価値を評価してもらって、指名で仕事が来る。そうやって自分がやりたい仕事、自分に適した仕事を続けられる、自分を信頼してもらって仕事を任せてもらえる**というのは、人生における大いなる喜びとなるはずです。

また、**自分の価値を高く売り、高収入を得る**ことも非常に大切です。

自分や家族が生活するだけでなく、次世代への教育や地球環境保全など、持続的に成長する社会に対して投資することができれば、自らの人生に大きな意義や意味を見出すことも可能になります。

パーソナル・ブランディングによる「自己特性の言語化」で転職成功!

転職・キャリアアップをかなえたい場合、「何でもやります」では、望むポジションや高年収をつかむのは難しいもの。**自分はどういう人間で、何が得意だと具体的なアウトプットをすることができて初めて、自己PR**になります。

とある受講生は、知性があり、人の話をじっくり深く聴く、もの静かな性格。キャリアアップのために外資系企業に転職したいという思いがありましたが、周囲の人の華やかな経歴やPRに圧倒されていました。外では転職コンサルタントから、家では奥様からも「もっとアピールを」と言われ、悩んで私の講座にお越しになりました。

私がアドバイスしたのは、彼の**「静かな性格、傾聴型」という特性を明確に言語化**して、強く打ち出すこと。そうして現職で重ねてきた実績や、コツコツ勉強していた会計の知識なども一覧できる職務経歴書を作成し、見事に転職を成功させました。

パーソナル・ブランディングで半年後の売り上げが25倍に！

これから起業あるいは副業を始める場合は、**パーソナル・ブランディングに取り組むことが売り上げ確保の起点**になります。例えばあるクライアントは、好きなことを仕事にしたくて30代で起業したものの、売り上げの確保に悩んでいました。しかし、独立3年目でパーソナル・ブランディングに取り組んだ結果、たった半年で売り上げが25倍にもなりました。

彼女は長年勤めた化粧品会社を辞め、フリーランスの美容ライターとして独立起業しました。丁寧な仕事ぶりで順調に仕事を獲得していましたが、仕事を失うことを恐れるあまり、頼まれた仕事を片っ端からこなす、便利な「何でも屋」になっていました。短納期で安い仕事ばかりを重ねて、すっかり疲弊していたのです。

私が伴走することになり、**まず彼女が本当にやりたい仕事を一緒にリストアップ**しました。すると、実は社会問題に切り込む記事や、文化人のインタビューを書きたいと思っていることがわかりました。そのゴールに向けて**ほかのライターとの違いを明確にし、発信力を強化したことで、次々と理想の仕事が舞い込む**ようになったのです。

今後の収入確保、収入アップの源泉ともなり得るパーソナル・ブランディング。**「自分の資産を作る活動」**と言い換えたら、さらに興味を持っていただけるのではないでしょうか。「自分ブランド作り」とは、突き詰めれば「資産作り」なのです。

選ばれるために

パーソナル・ブランディングで、自分の資産を作っていこう

2-2

お客様から「一番に思い出される人」になる！

そもそも、「パーソナル・ブランド」とは何でしょうか？

一般的にブランドというと「一流のもの」「高級なもの」をイメージしがちですが、そうではありません。パーソナル・ブランドのことを、キラキラした人気者や、華やかさ、特別なスター性のことと捉える人がいますが、これはまったくの間違い。

人気や華やかさと、ブランドであることはまったく別の話です。またSNSでどれだけ「いいね！」がもらえるかといった、単純な話でもないのです。

パーソナル・ブランドとは、「顧客ニーズがあったときに、真っ先に思い出してもらえるような個人になること」です。

この場合の「顧客」とは、BtoC（個人の顧客）であれば消費者・ユーザー、BtoB（法人の顧客）であれば取引先、会社員や転職活動中であれば次の仕事を与えてくれる

「パーソナル・ブランド」とは
真っ先に思い出してもらえる個人になること

上司・社長などをイメージしてください（以下、総称して「お客様」と呼ぶ）。

そのお客様から、自分が**「ほかの人と違う確かな存在」であると「識別」されること**が、選ばれる人になる第一歩です。

その後、お客様に困りごとや、何らかのニーズが発生した際に、**真っ先に自分を想起してもらえたのならば、自分が「ブランド」を確立できた**と言えます。

「一番に思い出される人」になる

お客様に何か困ったことがあったとき、一番に思い出される人。頼れるし、カッコいい、安心な存在ですね。では、どうしたら、一番に思い出される人になれるのか？

よく知らない人のことは思い出せない

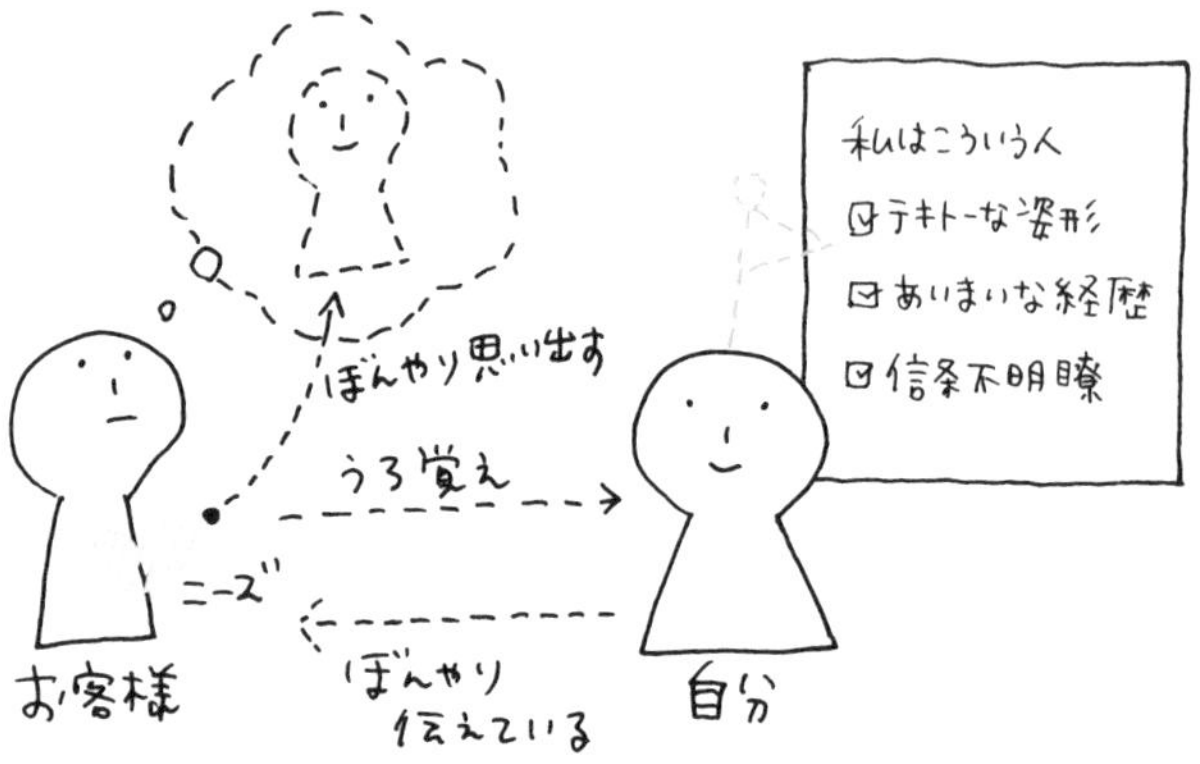

よく知っているから一番に思い出せる

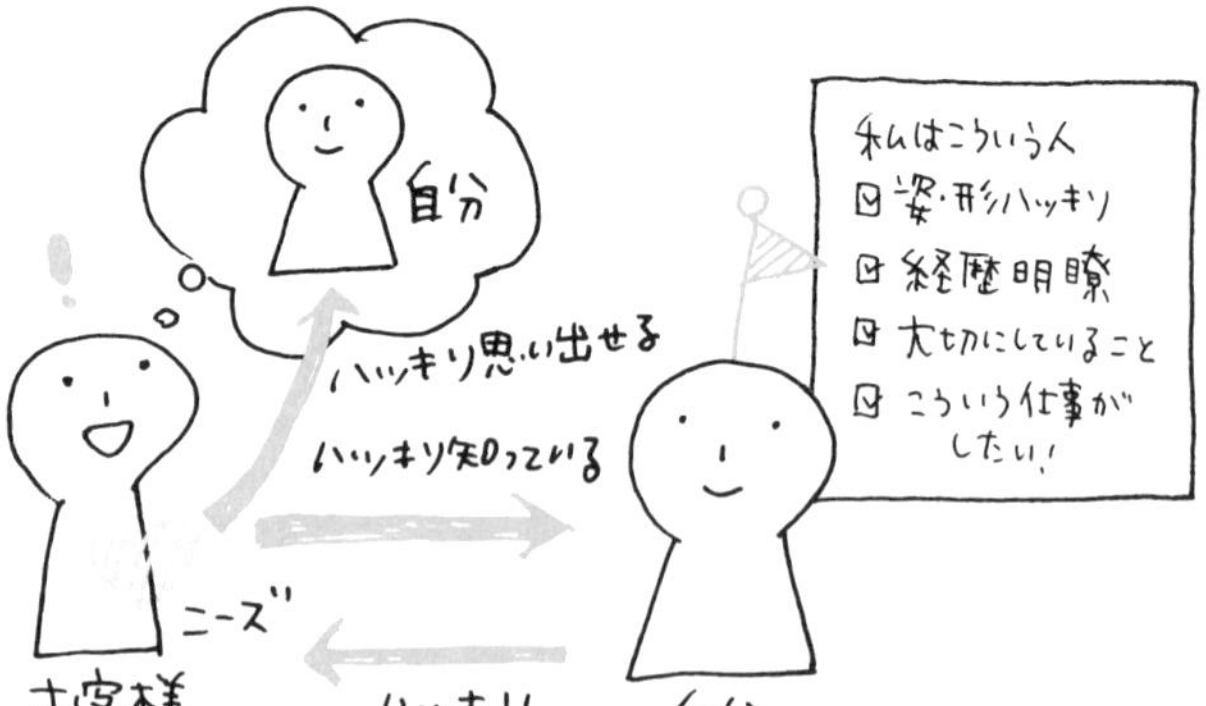

それにはまず、お客様に「知られている」必要があります。あなたがどんなに魅力的でも、あなたのことを知らない人はあなたを思い出せないのですから、当然ですね。

さらに「一番に」思い出されるためには、お客様に「よく知られている」ことが重要です。具体的には、以下のような状態です。

・お客様が、自分の姿形と名前、所属など、**基本情報**を知っている。
・お客様が、自分の経歴、前職や以前のプロジェクト経験など、**歴史**を知っている。
・お客様が、自分が大切にしていることや日ごろの働き方など、**信条**を知っている。
・お客様が、自分の今後やりたいことなど、**未来イメージ**についても知っている。

パーソナル・ブランディングで、あなたの立ち位置をはっきりさせ、お客様に「よく知られている」状況を作っていきましょう。

選ばれるために

お客様から「よく知られている」状況を作ろう

2-3

「自分ブランドの旗」を掲げよう

「私はこれが得意」「こう思われたい」が知られていればこそ、お客様に思い出され、得意な仕事、好きな仕事が集まってきます。これを**「旗揚げ効果」**と呼びます。

例えばある弁護士は、学生の頃、演劇をやっていた経験からエンタテインメント領域の法整備に興味を持ちました。これを自身の特色として旗揚げすることで、今では特にエンタメ業界に強い法律の専門家として、名を馳せています。

また、あるスポーツジムの経営者は、同業者との価格競争に陥っており、飽きっぽい自分の性格にも悩んでいました。そこで自分の特性を「興奮度の高い仕事が好き」「常に熱狂していたい」「経営スピードが速い」と言語化し、旗揚げしたところ、彼を支持するお客様が集まり、新入社員の採用もうまくいくようになりました。

どんな職業、どんな立場でも、「自分らしさ」は必ず言語化できます。

自分らしさを言語化し
「旗」として掲げよう

それが、パーソナル・ブランドの「旗」となるのです。

パーソナル・ブランドを言語化して周囲に伝え続ける

パーソナル・ブランドとは、「顧客ニーズがあったときに、真っ先に思い出してもらえるような個人になること」とお伝えしました。

あなたが「ブランド」を確立できているか否かは、お客様に困りごとやニーズが発生した際、あなたを想起できるかどうかで決まります。ですから、あなたは「私はこういう人です」「これが得意です」「これが好きです」「こういうことを大切にしています」などを丁寧に言語化し、それを旗として高く高く掲げ続ける必要があります。

パーソナル・ブランディングのゴールとは、あなたの「こう思われたい」と、お客様の「こう思う」を一致させていくことです。

さて、この「私はこう思われたい」という旗のことを、**「ブランド・キーワード」**と呼びます。ブランド・キーワードについては、Ｃｈａｐｔｅｒ ４でも詳しく述べますが、時間をかけて周囲に浸透させていくことで、あなたがどういう人か、徐々に理解されるようになります。ブランドが一朝一夕に確立できないのは、このためです。

旗を掲げれば、人生が変わる！

周囲に対し、わざわざ自分からそんなことは言えない、伝えられない、恥ずかしいと躊躇《ちゅうちょ》する人も多いかもしれません。でも、逆の立場になってみてください。

例えば取引先の担当者から「実は得意な仕事」「いつかやりたいと思っている仕事」の話を聞けたら、その人に親近感が湧き、「一緒にその仕事をしたいな」とか、「適任の仲間を紹介できるかも！」などと思いませんか？　会社の後輩が「自分がなぜ、この業界に入ったのか」「何を目指しているのか」を話してくれたら、力になりたい気持ちが増すのではないでしょうか。

「自分が大切にしていること」を人に伝えるのは、勇気がいります。バカにされたり、笑われたり、否定されたら怖い、と思うからです。

うまく伝えるには、自分を茶化さずに、思い切ってまっすぐに伝えることです。人はひたむきに何かに打ち込む人をバカにしたり、からかったりは、なかなかしにくいもの。もし自分が「すぐに茶化されてしまうタイプ」と感じている場合は、自分から茶化されてもよいように逃げ道を作りながら話している可能性があります。

大切なのは、勇気を持ってまっすぐに、「私はこれが得意」「私はこれが好き」と旗を掲げること。**旗を掲げた人だけが選ばれ、応援される人になる**のです。

選ばれるために

勇気を持って旗を掲げ、自分をまっすぐ伝えよう

2-4

「今、こう思われたい」と「いつか、こうなりたい」を混同するな

「パーソナル・ブランディング」は、人から選ばれるための技術です。そのため、**「本当は、相手からこう思われたい」**という、今、自分が心の奥底に持っている気持ちを、まずは正直に、そしてできるだけ正確に、言語化してみましょう。

例えば「実直に仕事をする、粘り強い人だと思われたい」とか「明るくほがらかで、素直な人だと思われたい」など。自分の現在地を丁寧に言語化すればOKです。

「今、こう思われたい」は、**他者にとっての自分の存在意義を、言葉で表現するひとつのワーク**です。自分をブランディングする上で重要な材料になります。

ところがここで、「いつか、こんな実績を作って、こんな人たちに囲まれて……」と、**未来の職業や人間関係、生活レベルなどを語ると危険に陥り**ます。「今、こう思

われたい」と「いつか、こうなりたい」はまったく別の話。
パーソナル・ブランディングに取り組んで急にキラキラしてしまい、自分を飾り、盛りすぎてしまった人は、自分の未来と現在を混同しているのです。
ただし、あくまで目標やビジョンとして、未来の話を取り入れるのは構いません。「実直に仕事をする、粘り強い人として、今後はこういうポジションを目指したい」など、**現在地とは分離して設定する**のです。「まだ実績は少ないけど、やる気があって頑張っている人だと思われたい」とか、「専門家としてこれから伸びそうな人だ、と思われたい」などもあり得ます。

今の自分に満足できていない場合、現在と未来の自分を分けて考えるのは苦しいことかもしれません。ここでも**自分を客観視する能力**が必要です。

選ばれるために

今の自分を正確に捉え未来の自分と分けて言語化しよう

2-5

パーソナル・ブランディングのメリットはお客様にある

あなたが自分ブランドの旗を掲げ、パーソナル・ブランドを強化すると、お客様にとっても、大きなメリットがあります。

ここではお客様の視点に立って、3つのメリットを紹介しましょう。

メリット1．迷わず安心して依頼できる

あなたがパーソナル・ブランディングに取り組むことで、あなたがどういう人で、何が得意なのかが明確になります。すると、お客様に困ったことが起きたり、何かが必要になったりしたとき、**真っ先にあなたの存在を思い出し、迷わず仕事を依頼する**ことができます。あれこれほかの人と比べて検討する必要がなく、決定が早くなるので心理的な負担も減少します。安心感があり、「期待通りの結果が得られないかもし

れない」という、未来への不安やリスクからも解放されます。

メリット2.「情緒的価値」を得られる

「必要なことをやってもらえる」といった**商品・サービスの「機能的価値」に加えて、「情緒的価値」も得られます。**情緒的価値とは、「あの人に仕事が依頼できて誇らしい」「あの人のサービスが受けられて嬉しい」といった感情的な面での価値のこと。その人の明るさ、落ち着き、安心感、信頼感、実直さ、重厚感、軽やかさ、共感性やリーダーシップなど、人柄や自分との関係性に対する価値を指します(31ページ)。

私自身の例ですと、自宅の引っ越しをするとき、複数の引っ越し事業者に見積もりを依頼したのですが、最終的に金額や梱包作業の内容ではなく、「あの人に担当してもらいたい」と、営業担当の人柄で選んだことがあります。

保険会社のファイナンシャルプランナーさんに、保険の見積もりだけでなく、家計の中身すべてを開示してしまった。いつもの美容師さんには、髪を切るだけでなく、恋愛の相談までできる。誰にでも一人や二人、こういう人柄や自分との関係性で仕事を依頼している人がいるのではないでしょうか。

人はブランディングできている人と
一体化したい

メリット3．ブランドの世界観に共感し、お客様が自身を重ね合わせられる

パーソナル・ブランドを確立した憧れの人と何かを共有したり、一緒にいるだけで、自分も「そのワールドの一員だ」という感覚を持つことがあります。アーティストやスポーツ選手などがまさにそう。

あなたも、カリスマ的な人気を博す人と世界観を共有したくて、SNSをフォローしたり、イベントでグッズを購入したりしたことがあるのではないでしょうか。

あなたが本気でパーソナル・ブランディングに取り組むと、お客様が**「自分自身を重ねたい存在」として、あなたのことを捉**

えてくれるようになります。そうなると、紹介や推薦、クチコミなどで、どんどんファンを増やし、仕事を広げていけます。

パーソナル・ブランディングができている人との仕事もこれと同じです。

「いつかあの人と一緒に仕事がしたい」「あのワールドに入りたい」。常々そんなふうに思っていた人と仕事ができたら、それだけでやる気が出て、幸せを感じられます。

たいていは自分のメリットを考えてスタートすることが多いブランディング活動ですが、徐々に周囲に受け入れられ、その結果、周りに大いに喜んでもらえる瞬間を、私は何度も目にしてきました。

パーソナル・ブランディングは、それに取り組む本人だけではなく、お客様の側にもメリットをもたらすのです。

選ばれるために

パーソナル・ブランドを確立してお客様を幸せにしよう

2-6

取り組んだその時から、人生が輝き始める

パーソナル・ブランディングに取り組み始めると、誰しもまず、替えが利かない唯一無二の自分の存在を誇らしく思うことができます。**自分の価値と魅力をじっくりと理解し、今日からやるべきこと、向かうべき方向性を見つけられる**からです。

「Who am I?（私は何者か）」は、人類の永遠のテーマ。人は、自分が何者かを理解するために生きていると言えます。パーソナル・ブランディングはこの「Who am I?」の答えに近づくことができる、人の根源的な活動なのです。

また、パーソナル・ブランディングに取り組むと、「評価され、選ばれる」という相手側の決断行為を、コントロールできるようになります。**「誰に、どう評価されるか、どのように選ばれるか」を自分で設計できるようになる**のです。その結果、「評

価されないのでは?」「選ばれないのでは?」といった不安から解放され、穏やかな毎日を送れるようになります。自分が評価されるポイントがわかっているので、他人と比べて自分を卑下することもありません。

さらに、周りの人に対して、自分の役割を的確に伝えられるようになります。これができると仕事がとてもラクになり、周囲もあなたをよく理解できるので安心します。

パーソナル・ブランディングは、単なる「有名になるための方法」や「見栄えをよくするための方法」ではありません。「媚《こ》びる」「盛る」「飾る」といった、過剰な演出も一切必要ありません。むしろ、自分にウソをついて、虚勢を張って、ツラくなってしまった人がたどり着く場所が、真のパーソナル・ブランディングなのです。

パーソナル・ブランディングを始めたその時から、人生が輝き始めます。ここからロケットスタートをしてみましょう。

選ばれるために

真のパーソナル・ブランディングに取り組もう

2-7

パーソナル・ブランディングの3ステップ

次のチャプターから、いよいよ具体的にパーソナル・ブランディングのステップをお伝えします。具体的な流れは、以下の3つです。

ステップ❶ 自分を知る（↓Chapter 3）

そもそもパーソナル・ブランディングは、自分らしく生きるための手段です。**周囲からどういう人だと思われたいのか？ 自分の姿を明確にするために、まずは自分自身を深くリサーチし、言語化しましょう。**

「幸せを感じるのはどんなとき？」「怒りを感じるのは？」「自分にとってお金とは？」といった質問に答えながら、**自分らしさの核《コア》となる価値観を発見**し、言葉を増やしていきます。また、自身のターニングポイントとなった出来事もまとめます。

パーソナル・ブランディングの
3ステップ

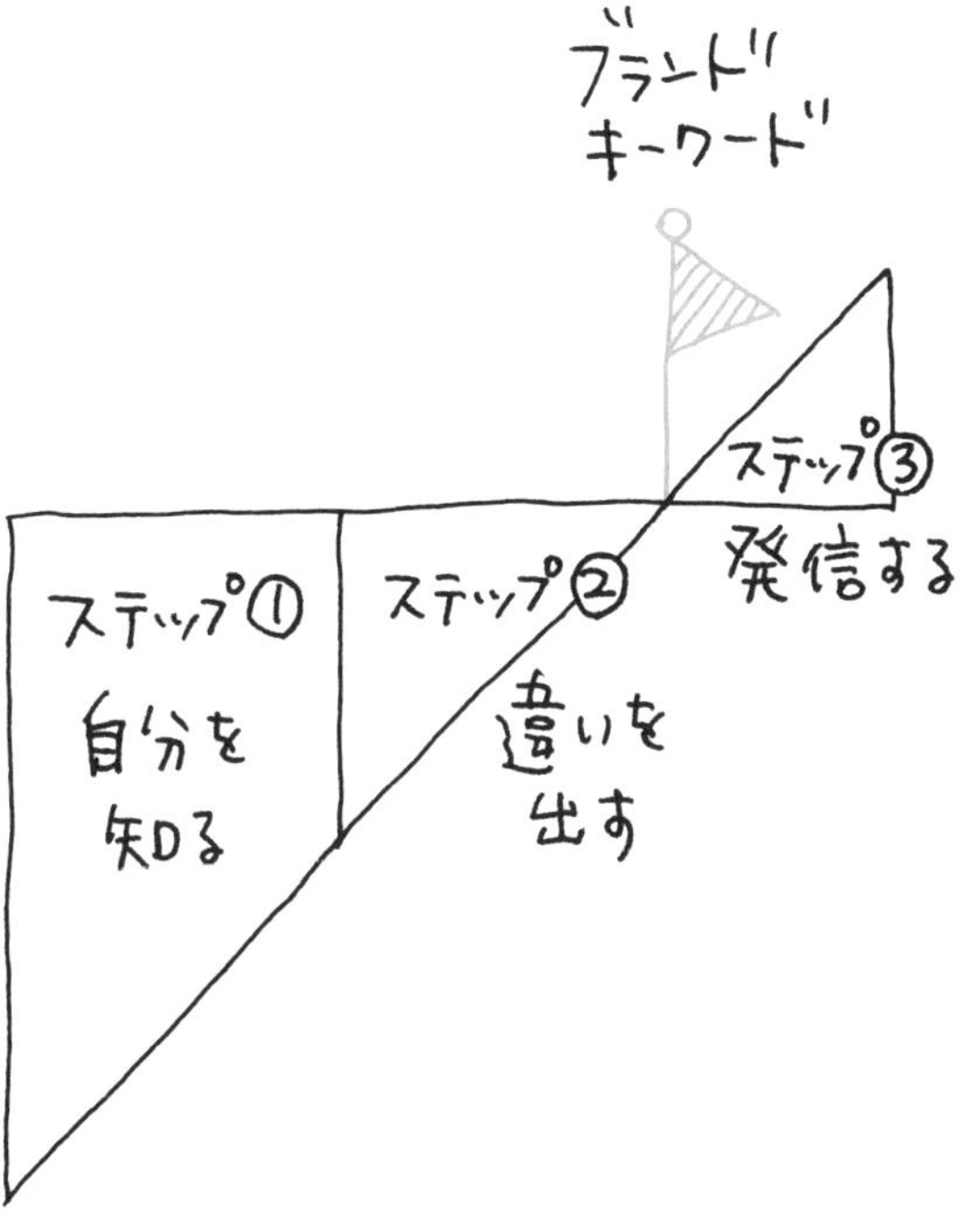

ステップ❷ 違いを出す（↓Chapter 4）

次に、ステップ❶で得た自分の価値観や特徴の中から、ほかの人との違いや、自分の独自性としてアピールできる点を自分のビジネスに落とし込んでいきます。

ここでしっかりとライバル・同業者との差異化を行うことで、ターゲットとなるお客様から見つけてもらい、選ばれやすい状態を設計します。

自分ブランドを表現する基本情報を整え、確立させるのもこのステップです。

【基本情報】 名前、会社名・屋号、肩書、プロフィール、ポートレート写真など、あなた自身を構成する、必要最低限の基本情報のことです。

ステップ❸ 発信する（↓Chapter 5、Chapter 6）

「こう思われたい」という自分ブランドを発信し、浸透させていきます。発信戦略は「身体」と「ツール」に分けて考えます。

【身　体】体型、姿勢、骨格、髪型などシルエットの設計から、服装などのパッケージデザイン、話し方や立ち居振る舞いまで、見た目の発信戦略を整えます。

【ツ ー ル】ブランドカラーやロゴマーク、名刺、ウェブ、パンフレットなどの告知ツールのほか、料金や商品・サービス、イベントなどのメニュー、ブログやSNS、YouTubeなどにおける発信の言葉など、ツールの発信戦略に、ブランドとしての一貫性を持たせます。

このとき、ビジネスだからとつい業務内容や機能表現に寄せすぎることがありますが、これは間違い。**情熱や爽やかさ、優しさや面白さなど、自分の情緒的価値**も併せて伝えましょう。これで、競合するライバルに水をあけることができます。

選ばれるために

3つのステップで、パーソナル・ブランドを構築し、浸透させせよう

2-8

「13の問診票」から、最強のパーソナル・ブランドを考える

パーソナル・ブランドは3ステップで構築すると述べましたが、ステップ❷以降、ブランドを確立・浸透させていく上で重要になるのが、次ページの13項目です。

この問診票の項目を、すべて自分でそろえることができれば、最強のパーソナル・ブランドが完成します。逆に、苦手なジャンルや、考えたこともない項目があると、そこが崩壊の起点となり、パーソナル・ブランドが弱くなります。

例えば**【基本情報】**。肩書が曖昧であるとか、もともと付けていた肩書と今の自分が合っていない人。プロフィールが存在しないのは言語道断ですが、古い状態で止まっていて更新がなされていない人も多いです。ポートレート写真が素人っぽい、古いまま、目的に合っていない人は、ブランドを信頼してもらうことができません。

パーソナル・ブランディング 13の問診票

基本情報 Chapter 4

1. 名前
2. 会社名・屋号
3. 肩書
4. プロフィール
5. ポートレート写真

身 体 Chapter 5

6. 体型・姿勢・骨格（シルエットの設計）
7. 髪型（シルエットの設計）
8. 服装（自分のパッケージデザイン）
9. 話し方、立ち居振る舞い

ツール Chapter 6

10. 色（ブランドカラー）
11. 告知ツール（ロゴマーク、名刺、Web、パンフレットなど）
12. メニュー（料金、商品・サービス、イベントなど）
13. 発信の言葉（ブログ、SNS、YouTubeなど）

【身体】はほかの人との違いを明らかにし、髪型、体型、服装を工夫して、視覚から自分を記憶してもらいましょう。なお、ここでの「話し方」とは、話す内容のことではなく、言葉遣いや声の大きさなど、相手が初見で感じる「話す雰囲気」のことです。立ち居振る舞いも、人の印象に大きく関わります。

【ツール】の視点が欠落している人もたくさんいます。発信内容に統一感を持たせるためブランドカラーを決める、事業に合わせて告知ツールを整えるといったことです。また、お客様の視点に立てば、メニューがないとあなたを指名することができません。何も発信しなければ誰もあなたを認識せず、見つけてもくれません。

ブランド作りでは、「これだけやっておけばOK」というものはなく、バランスや全体感が重要です。この13項目がバランスよく実行されていることを確認しましょう。

「基本情報」「身体」「ツール」の13項目を整えて、最強のパーソナル・ブランドを完成させよう

Chapter 3

ステップ①
自分を知る

「自分らしさ」を見つけて、ブランドの核《コア》を作る

3-1

人生を「戦略的」に生きよう

このチャプターでは、パーソナル・ブランディングで最も重要なステップ❶「自分を知る」の具体的な進め方について解説します。

あなたが選ばれるためには、**ほかの人とは違う「存在感」と「一番に想起されること」が必要**だと述べました。これらの基となるものが、**「自分らしさ」**です。

あなたの中にある何かが他者との違いとなり、魅力となって「存在感」に昇華していきます。人から「真っ先に思い出され、選ばれる」ための材料は、すでにあなた自身の中にあるのです。

今、あなたがやるべきことは、じっくりと「自分」を見つめ直し、唯一無二の「自分らしさ」を発見することです。自分ブランドの「核《コア》」となるものを見つけましょう。

「月に行きたい」と願わなければ、人類が月に行くことはなかった

野球のドラフト会議や、アイドルやお笑いのオーディション番組、政治の選挙……。**「人が選ばれる瞬間」には、本人に加え周囲の人をも高揚させるドラマがあります。**

ビジネスにおいても、新しいトップが着任する日や、自分が役職者に選出されるときは、心がたかぶるような感覚があるでしょう。「選ばれる存在」になることは、それ自体がエキサイティングであり、人生の喜びとも言えます。

しかし、目の前の作業をこなすだけの日々をぼんやり送っていて、「急に、めちゃくちゃ指名が殺到して選ばれるようになる」などということは起こりません！

世の中には「選ばれたいと思っているけど、それに対して特に何もしていない」という人がほとんどです。だからこそ、今あなたが戦略的に選ばれる活動「パーソナル・ブランディング」を始めるだけで、周囲と圧倒的な差が付くのです。

私の好きな言葉に、**「人類は月に行きたいと願ったから、月に行けたのだ」**があります。目的もなく近所を歩いたり、目の前の雑務を片付けたりしていただけで、「気が付いたら月にいた」などということはあり得ませんよね。

戦略なくして戦術なし

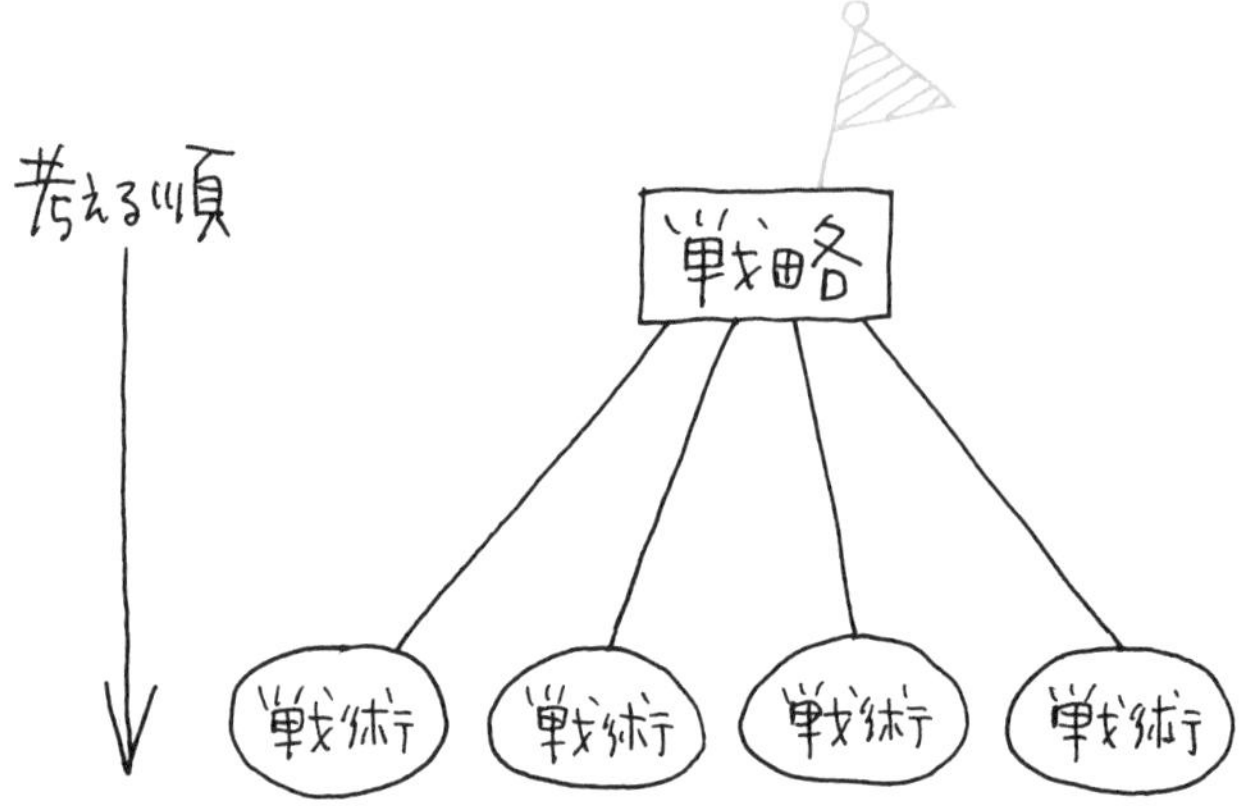

たどり着きたい高い場所（目標）があって、そこに行くための「戦略」をはっきりさせることで、それに対して自分がやるべきこと、つまり「戦術」が見えてくるのです。

人生も同じです。まずは自分がどこまで行きたいか、何を成し遂げたいのか、具体的な成功イメージを持ちましょう。そしてその地点にたどり着く方法を何とか考え抜く。これが人間の成長につながります。

「選ばれる人になる戦略」においては、自分がどのように選ばれるかを、かなり具体的に、はっきり設定する必要があります。

どんなシーンで、誰に選ばれるのか。どういう指名のされ方をしたいのか。選ばれたとき、自分はどんな気持ちなのか。選ばれると仕事や毎日の生活はどう変わるのか。はっきりしてくるまで、何度もイメージしてみましょう。

「選ばれる理由」に当たるのは、自分の「強み」です。単なるスキル・能力だけでなく、自分の価値観や好きなこと、大切にしていること、向かっている未来、過去のV字回復の物語、やらないと決めたことなども強みになります。

ブランドは十人十色。だから、**ほかの人と比べる必要はありません。**自分の人生ですから、誰にも遠慮することなく、自分で作戦を立てていいのです。自分に集中して、自分の世界観を強く構築し、伝えていきましょう。

働く人の人生は、これで必ずよくなります。個性がはっきりしている人が増えれば、日本の社会全体も強くなるのです。

選ばれるために

自分がどのように選ばれるのか、具体的に設定しよう

3-2

自分自身が「商品」だという視点を持つ

パーソナル・ブランディングに取り組むときは、**自分自身を「商品」として捉え**ましょう。

そのときに必要なのが、**「メタ認知」**能力です。これは自分自身を、別の自分が高いところから見下ろしているような感覚です。私はセミナーではよく「自分本体から幽体離脱して、元の自分を見てみて〜」などとお伝えします。

「今、私はこう感じている」

「私は普段からこんなふうに行動しているな」

そんなふうに、自分を客観視するのです。

もし、褒められるのが強烈に恥ずかしいとか、自分が話題になっているとソワソワしてしまい落ち着かない、周囲の感情にすぐに流されてしまう、という人はメタ認知が苦手な可能性があります。

メタ認知能力を上げるには、自分に起こった出来事を記録するのが有効です。自分が自分をどう捉えているのか、あのとき自分はどう感じていたのかなど、**自分の思考や感情を言語化**していきます。

手帳やスマホなどに、「自分を表現する言葉」を書きためてみましょう。それが増えるほど、自分をよく理解し、メタ認知ができていると言えます。その言葉は、**自分自身という商品を紹介するためのセールスコピー、キャッチフレーズ**になります。

私自身は、大学時代から今まで30年間にわたり、感情が強く揺れたときに書きつづっているノートがあり、それがメタ認知能力を上げる一番の訓練になりました。また、ふとした瞬間、人から褒めてもらった言葉もスマホに記録しています。

選ばれるために

自分を客観視する力を鍛えよう

3-3

「自分らしさ」を見つける10の質問

「自分自身をよく知りたい」「自分らしさがわからない」

こんな声をよく聞きます。自分の現在地が不明瞭ということです。

そういうときは、「自分らしさ」を見つける質問に答えてみましょう。

まず例題です。

「あなたが幸せを感じるのは、どんなとき？」

回答は、思いつく限り、なるべくたくさん書き出してください。ぼんやり考えるとか、友人と話すだけでは効果が薄いので、お手元のノートや、スマホやパソコンなど、必ず「文字」で記録してくださいね。効果がアップします。

私の場合、次のようなときに「ああ、幸せだなあ」と感じます。

・お客様から「仕事がうまくいった」「ありがとう」と報告を受けたとき
・気の置けない友人や仲間とおしゃべりして、気分が高揚しているとき
・街なかを歩く、自転車に乗るなどの軽い運動をして、少し息が上がったとき
・家の観葉植物が、すくすくと元気に育っているのを見たとき
・森の中で自然の匂いをかぎ、鳥の鳴き声を聞いたとき
・大切な人と抱きしめ合ったとき
・温かいスープや食事をいただいたとき
・コーヒー、ワイン、果物、スパイスなどの、刺激的な香りを感じたとき
・お風呂上がりで体がポカポカしているとき
・お布団に包まれているとき

公私ともに自分が「幸せ」と感じる瞬間を思い出して、どんどん書いていきます。

次に**「これらの共通点は何か？」**を考えます。

私の場合は、まず「安心できる人間関係」と「体が温かくなったとき」「自然の光や香りで、五感を刺激されたとき」に幸せになるという共通点がありました。

これが自分をよく知ること、**「自分のトリセツ（取扱説明書）」を作る**ことです。

もし悲しい気持ちになったり、人を恨んだり、妬《ねた》んだりしそうになったときは、温かいコーヒーをポットに入れて、屋外の公園に散歩に行こうといった対策ができます。

さあ、準備はよろしいですか？　新しい自分を発見する質問に答えてみましょう。

【「自分らしさ」を見つける10の質問】

❶ あなたが幸せを感じるのは、どんなとき？　その共通点は何ですか？

❷ あなたが怒りを感じるのは、どんなとき？　その共通点は何ですか？

❸ あなたが好きな場所は、どこですか？　その共通点は何ですか？

❹ 今までの人生であなたが時間を費やしてきたことは、何ですか？

❺ あなたが好きな人の、好きなところは、どんな部分ですか？　その共通点は？

❻ あなたにとってお金とは、どんなものですか？　複数書き出してください。

❼ 死ぬまでにやってみたいことは、何ですか？　20個書き出してください。

❽ あなたが人に対して「こうあるべきだ」と思っていることは、ありますか？

⑨ もし何の制約もなかったら、あなたの理想的な一日は、どんな感じですか？
⑩ 「私は○○な人間です」。○○に入る言葉を、ありったけ書き出してください。

この質問は、**自分という人間を深く理解するためのガイド**です。多面的な切り口から自分を見つめることで、自分の内面や性質を深掘りすることができます。

人は、知らないものに恐怖を抱く生き物。自分自身をよく知らないと、生きていること自体が恐怖になってしまうのです。だから何よりもまず、自分自身をよく知るためのワークを行いましょう。自分の特性を熟知すれば、判断が早くなり、不安を減らすことができます。

自分自身をより深く知ることは人生を楽しくする第一歩であり、パーソナル・ブランディングの最初のステップです。

選ばれるために

自分を深く知ることで、迷いや不安をなくそう

3-4

自分を何かに例えてみる

自分への理解をさらに深めるために、**自分をまったく別の「何か」に例えてみる方法**があります。これを**「メタファー（比喩）」**と呼びます。

具体的には次のような問いを、自分にぶつけてみるのです。

「自分を食べ物、飲み物に例えると？」
「自分を動物に例えると？」
「自分を公園の遊具に例えると？」

ぜひリラックスした環境で、お気に入りのお茶でも飲みながら考えてみてください。

家族や友人、仕事のメンバーと、ゲーム感覚で話しても楽しいと思います。

「自分を食べ物に例えると？」の問いに、ある30代会社員の女性はこう言いました。

「**私は『おみそ汁』です。**毎日食べても飽きないし、あったかくて、ほっとできる存在だから。冬場は特にいいですよね。あれこれ具が替わっても、おみそ汁は、おみそ汁。野菜も、魚もお肉も、何でも受け止められる懐《ふところ》の深さがいいなと思います」

彼女はオフィスで事務職をしています。会社の方針や担当チームがかわっても、いつもそこにいて、明るく安定感のある仕事をしているのでしょう。

40代のクリエイターの女性は、こう回答。

「**私は『ブルーチーズ』ですね。**クセのある、ピリッとした印象を残したいんです。コショウのような突破力や、トウガラシのような辛さはないけれど、おしゃれな雰囲気で、後を引く感じがいい。ブルーチーズは嫌う人もいると思いますが、それで構いません。主役を張れるけど、隠し味にもなれる。ワインのおつまみにもなれる。そういう仕事がしたいですね」

彼女の職務の専門性と尖《とが》り方、細いデニムスタイルとすっきりとしたベリーショートの髪型まで、この例えとピタリと合っていて、私はすっかり感服しました。

例えた理由にその人の個性が出る

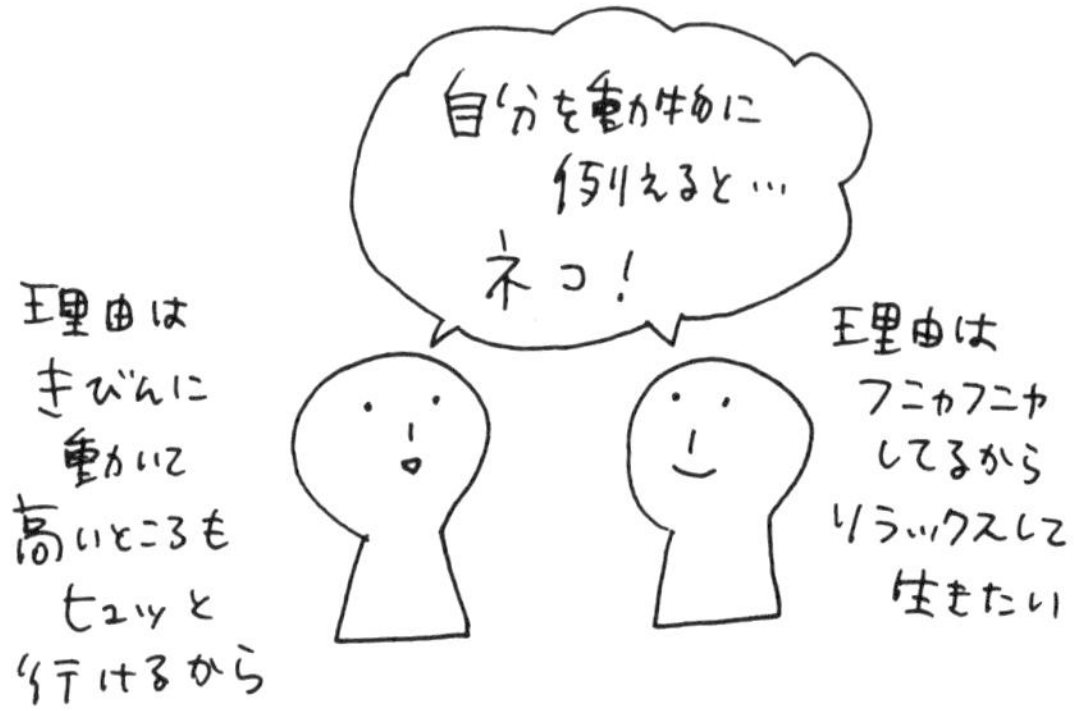

「自分を動物に例えると？」に、50代会社経営者の男性はこう言いました。

「**象《ぞう》かなあ**。揺るがない感じがいい。鼻の形もユニークでほかにない。キビキビ動けるわけではないけれど、不動の安心感がある。自分も体が大きいので、そういう人でありたいですね。それに、象は戦闘に使われていたという、意外な歴史もあるしね」

　控えめながらどっしりとした生き方を求めている、その人の心のあり方が伝わってくるようでした。そして実は、彼は一見のんびりしているようで、自身のユニークな個性や、ビジネスの世界における高い戦闘能力を自負していることがわかりました。

自分を何かに例えることで自分の個性を言語化しよう

「自分を公園の遊具に例えると?」の質問に私自身が答えるなら、「ジャングルジム」です。その構造は強くも美しくもあり、人々を高いところに登らせることができます。上に立てば爽やかな気持ちになり、汗を風が冷やしていくのです。

ジャングルジムは、お客様のビジネスをより高みへと誘《いざな》い、爽快な景色を提供できる存在になりたいという、私の「メタファー」なのです。

メタファーのポイントは、元の問いの後に**「なぜ、そう思うのか?」と理由を考えてみる**ところにあります。**理由にこそ、自分らしさがにじみ出てくる**からです。

「自分を動物に例えると?」という問いに、同じ「ネコ」を選んだ人でも、フニャフニャしたリラックス感が自分に似ているという人もいれば、高いところに身軽に跳べる俊敏さを示しているという人もいるでしょう。

自分を何かに例え、理由を書き出せば、自分らしさがどんどん言語化されます。

3-5

「私ってどんな人?」と周りの友達に聞きなさい

自分を言語化し、自分らしさを表現するのは、正直言って、かなり難しいことです。

私は学生時代にデザインを学び、現在はプロのブランドコンサルタントとして、企業や人物の言語化・ビジュアル化に携わるなど、このような探究を30年以上やっています。そんな私でも、「自分自身」を的確に表現するのはとっても難しいと感じます。

私の先輩ブランドコンサルタントは、20年以上も企業ブランディングの第一線で活躍し、著書もたくさん出しているような言葉のプロですが、ある日、会合で同じテーブルになったとき、私にこう尋ねてきました。

「守山さんから見て、僕はどういう人間に見える?」

ははあ、これほどの人でも、自分をわかるのは難しいことなんだと感じた次第です。

もしかすると、自分のことはすでによくわかっているけれど、さらに自分の新しい表現を探し、言葉をコレクションしていたのかもしれません。

逆に、人のことはよくわかります。「あの上司はこんな人」とか「取引先のあの人って、こういう印象だよね」と、気軽に人を評することはよくあります。そこで、自分のパーソナル・ブランディングに周りの人たちを巻き込んでしまいましょう。

具体的には**「私ってどんな人？」「私がどういう人か、印象を教えて」と、周りの人に聞いてみる**のです。気の置けない仲間であれば、あれこれ教えてくれます。職場の上司や部下、お客様に聞くのは勇気がいりますが、貴重なコメントをもらえることでしょう。中には意外に思える表現や、厳しい意見もあるかもしれませんが、そのすべてをひとまず、並列にメモを取っておきます。

後日、落ち着いた環境で言葉を分類。これが、自分を表現する辞書になります。**複数の人から何度も出てくるような言葉は、あなたそのもの**と言えます。

選ばれるために

仲間の助けを得ながら、自分を表現する辞書を作ろう

3-6

「らしさ」は必ず自分の中にある

「自分らしさがわからない」「私は個性がない」「自分らしさを作りたい」と悩む方は大勢いらっしゃいます。今まで生きてきたぶん、**すでにたくさんの「らしさ」をまとっているにもかかわらず、その輝きが近すぎて、見えなくなっている**のです。

また、何となくわかっている「**自分らしさ」を言語化しきれていない人もいます。**

「らしさ」は、自分の外にはありません。とにかく自分の内側を見て、自分を調べるような活動を丁寧に行っていけば必ず見つかります。これを**「内観」**と言います。

一方で「人と違っている自分が恥ずかしい」という人も多くいらっしゃいます。

「自分は周りから浮いているのではないか」

「実際に、変わっていると言われたことがある。やりすぎていないだろうか」

しかし私は、ここで声を大にして言いたいのです。

違いは恥ずかしくありません！　違いこそが「自分らしさ」です!!
違いは積み重なると、その人の「世界観」になります!!!

パーソナル・ブランディングに取り組むと、**自分らしさを研ぎすます**ことになります。**バラバラになっている自分らしさをギュッと集めて、自分を結晶化する**ようなイメージです。どんどん自分の密度が高まり、ダイヤモンドのように強く輝いていきます。だから存在感がアップするし、自分らしさで周囲から選ばれるようになります。

またパーソナル・ブランディングに取り組むと、**本当の自分に近づいていきます。**心が自由になり、人と比べる苦しさから解放されます。恥ずかしいとか、生きにくいといった感覚も減っていくでしょう。選ばれる自分になるとは、**「選ばれそうな型」に自分をはめることではない**のです。

選ばれるために

自分らしさをギュッと集めて自分の輝きを強くしよう

3-7

人生のターニングポイントに、あなたの「価値観」が隠れている

感動するドラマや映画、小説やマンガなどの「物語」は、基本的に**「V字回復」**のかたちで構成されています。

「平穏な日々が、何かのきっかけからどん底に陥り、あれこれあがいた結果、何とか浮上した。今は成功をつかんで、幸せに暮らしている」

これは典型的なハッピーエンドの物語形式ですが、古今東西、人類はこのような話の構成が大好きです。いえ、物語だけではありません。実はドキュメンタリー番組や取材記事などのノンフィクションも、同じ構成で作られることが多いのです。

「どん底から浮上した瞬間」を**「ターニングポイント」**と呼びます。V字回復の物語で一番下の谷底の部分から、向きが上方に転じる点のことです。

あなたの人生のターニングポイントを思い出し、物語に仕立ててみましょう。

ターニングポイントから V字回復の物語を作る

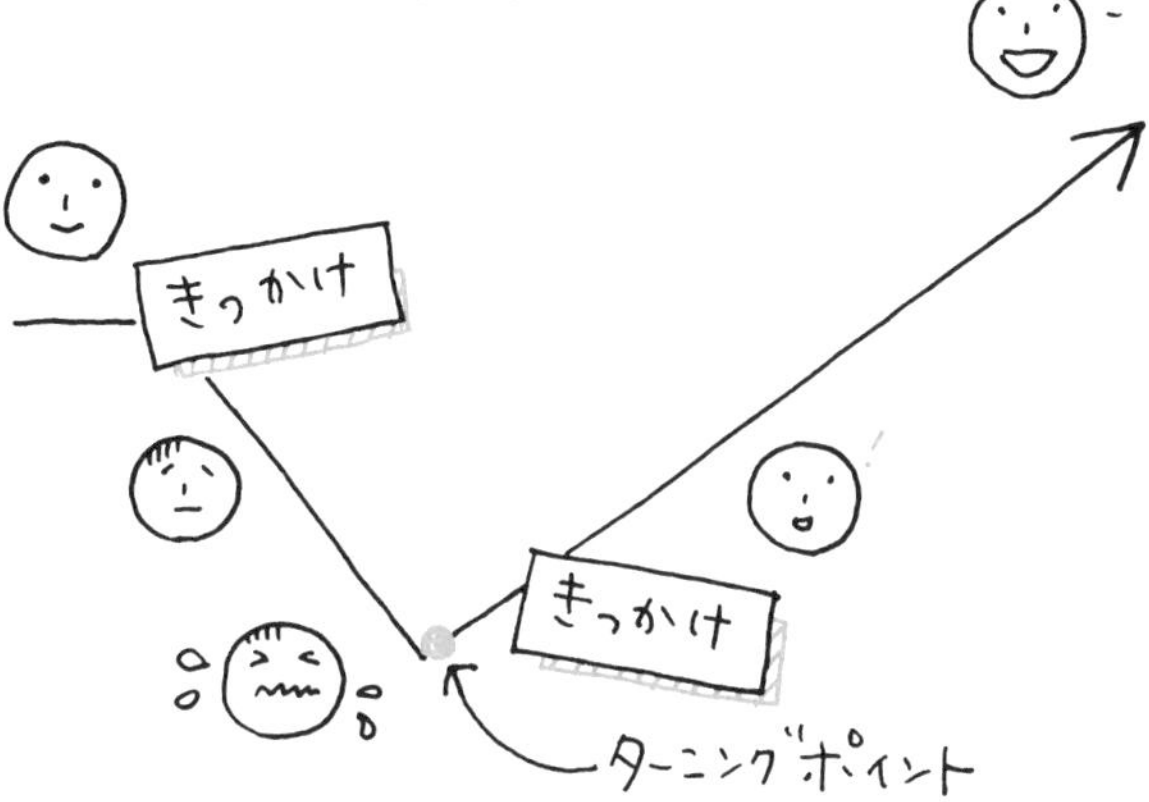

まずは**自分がどん底だった本当にツライ時期、傷ついた出来事、大きな失敗、恥ずかしい思い**などを書き出していきます。ここは正直しんどい作業なのですが、しっかり自分に向き合ってください。

次に、自分がそこからどのように「回復」したか、誰に助けてもらったのか、どう自分を信じて復活できたのか、何を感じたかなど、きっかけとなったエピソードを書き加えます。

「いやいや、まだ傷が癒えていない、回復できていないよ」という人でも大丈夫。ゆっくり取り組みましょう。いつか復活した状況をイメージし、どのように回復するのか、どこにたどり着くのか、今の状況をどう突破するのかなどを書き記していきます。

人生のターニングポイントには、あなたが人生をどう捉えているか、人とどう関わっているのか、何を大切にしているかなどの「価値観」が隠れています。

ここに「沈む前」の状態を加えれば、「V字回復物語」に仕立てられます。

「サーフィンが大好きな、元気ハツラツの会社員でした。ところが20代後半のある頃から、急に体がふらつき始めます。最初は遊びすぎで疲れているだけかと思いましたが、あまりに続くので病院に検査に行ったところ、実は難病を発症していたことがわかりました。そこから急に病気が悪化して、緊急入院。6年間、病院で寝たきりの生活。天井だけを見て過ごす日々が続きました。少し病状が回復し、車いすで病院の外に出た34歳のとき、『自分は自由だ！　車いすでどこへでも行ける！』という喜びに満ちあふれたんです。今も車いす生活で、難病を抱え、体調は予断を許さないのですが、生きる喜びを伝える活動をしています」

これは、車いすインフルエンサー・ダンサー梅津絵里《うめつえり》さんの実際の物語です。エピソードの中にあるV字形が見えましたか？

選ばれるために

あなたの生き方を「V字回復物語」に仕立てよう

V字回復物語は人生最大のピンチであり、ツラかったエピソードなのですが、あえて商業的な表現をすると、**「持ちネタ」**であり、**「鉄板エピソード」**となります。

芸人さんは「すべらない話」と呼んで、同じ話を何度も何度も繰り返し、テンポよく話せるようにトレーニングしています。ビジネスパーソンも持ちネタを作り、繰り返し伝えていくとよいでしょう。自己紹介、スピーチやプレゼンの冒頭や最後に話す、SNSやブログに書く、またYouTubeなどの動画で伝えることもできます。

自分の物語を作ることで、価値観が明確になります。またそれを周囲に伝えることで、共感する人が集まってきます。

ときおり、V字回復物語が大嫌いだ！　という人もいます。

「ハッピーエンドはウソくさい、人の不幸だけが蜜の味、ずっと闇の中にいたい」

映画ならまだしも、現実でそんな人がいたら、そっと離れることをおすすめします。

3－8

5年後の未来へ向けて、「自分ブランド」を積み上げよ

ここで白状しておくと、**パーソナル・ブランディングは瞬間で結果が出る必殺技ではありません**。裏ワザやトリックのようなものでもありません。実は、当たり前のことをコツコツ長くやっていくという、意外と堅実な取り組みです。

パーソナル・ブランディングには、終わりもありません。私は生涯の学びだと思っています。仕事をしている間、人目についている間、「選ばれる人」でいたいならずっとしていく行為で、やり続けている間は効果が継続するものでもあります。

パーソナル・ブランディングは体づくりとか、英会話の上達にも似ています。何かを食べるだけで健康になる？　これをするだけでおなかがみるみる凹む？　このアプリを入れるだけで英会話がスラスラできるようになる？　そういうことはないと、も

自分ブランドは
意識して積み上げていくもの

うあなたもわかっているはず。体づくりや英会話の上達、いずれも長期戦です。

秘技や裏ワザ、瞬間のテクニックにだけ興味を持っていたら、パーソナル・ブランディングはまどろっこしいと感じるかもしれません。逆に**「本質的で意味のあることをやりたい」**と考える人には、心からおすすめできる方法です。

ブランディングはいつ結果が出る?

自分が選ばれるための取り組みを始めてみると、**3カ月で明らかに違いが出て、自分の存在が明確になった感じ**がします。

そして**1年たつと、周りとははっきり差が付き、「指名で選ばれる人」**になった実感を得ることができます。

さらに5年後、あなたは確実に周囲と差が付いており、「選ばれ続ける人」として、存在を確立していることでしょう。あなたが、多少時間をかけたとしても周囲に埋もれない存在感で残りの人生を生きていきたいのなら、ぜひ今日から取り組むべきです。

ただ、面白いことに、あなたが今日からブランディングを始めても、周囲の人はしばらく、何が始まったのかまるで気付きません。ただ、ある日いつもの職場で、「アイツ、最近なかなかやるな」「あの人、最近いい意味でキャラ立ちしているよね」などと、よいウワサ話が発生するのです。あなたは、そこから**自分に対する周囲の評価がガラリと変わる快感を覚えるだけ**です。

年齢を重ねたら、キャリアは自然に積み上がるのか

「長く仕事をしているのに、まだ何者にもなれていない感じがする」

「ふと気付いたら、同業のライバルとかなりの差が付いてしまった。いつ、どこで差を付けられたのかわからず、愕然《がくぜん》としている」

これは、パーソナル・ブランディングの相談の現場でよく聞く言葉です。特に40代、

50代の方に多い悩みだと感じます。正直に申し上げると、**ただ年齢を重ねるだけでキャリアが自然に積み上がるとか、選ばれる人になれるということはありません。**そのキャリアや仕事に戦略や一貫性がなければ、年齢を重ねたとしても、点と点がバラバラにあるだけ、線としてつながらないというのが実態なのです。

でも大丈夫、今からでも、まだ十分間に合います。**今日からひとつの方向性を定め、3年、5年とかけて自分らしさを積み上げて**いきましょう。自分のキャリアを中長期視点で考えることで、確実に成果が付いてくるものです。

ただし、その間、「自分らしさ」がコロコロ変わってしまってはブランディングになりません。**真に選ばれるブランディングのためには、「私はこういう人間だと思われたい」と一度決めたら、まずは影響が出てくるまでやり抜く**ことが必要です。

「積み上げよう」と、意識し始めたところから、あなたの5カ年計画が始まります。

選ばれるために

長期戦で、コツコツと選ばれるための取り組みを今日から始めよう

3-9

「持ち物」を把握し、ショーウィンドウの中を入れ替える

過去に自分が身につけ、構築したスタイルが強すぎて、今のポジションに合わず苦しんでいる、という人は意外とたくさんいます。

例えば、30代は「新規開拓が得意な、突破型の営業パーソン」として活躍してきたけれど、40代になって、落ち着いた上長としてチームをまとめる存在感をプラスしたいと悩んでいる人がいました。あるいは、若い頃は「チームを癒やす、かわいがられキャラ」としてポジションを確立してきたけれど、部下をリードする立場となった今は、甘えた印象が足を引っ張っていると苦しんでいる人もいました。

ブランドの方向性を変えることを**「リブランディング」**と言います。これは、単に新しい情報を付加することではありません。「自分らしさ」という「持ち物」を把握し、**ショーウィンドウの中を入れ替える**ような作業で、ギャップの解決を図ります。

先ほどの「新規開拓が得意な、突破型の営業パーソン」の場合、「突破型」の自分はショーウィンドウからはずし、「新規開拓」は部下に任せる。部下が何かを「突破」したいと願っているときは全力で応援する。このように、パーソナル・ブランドの設定変更を行うことで、自分の特性も活かしつつ、新しい存在感を設計できます。

「癒やし系かわいがられキャラ」の場合は、それをしまって、**今の仕事で必要なものを、より強めに前に出す**だけです。「かわいがられキャラ」は、70歳くらいになったときに再び取り出したら素敵なのではないでしょうか。

ショーウィンドウのように、見せるものを入れ替える。時代に合わせて自分をリブランディングしてよいのです。ただし、**しょっちゅう入れ替えてしまうと、記憶に残る存在になれません**。時代の風潮や、自分のポジションに合わせた、数年に一度程度のリブランディングは、フレッシュな気持ちになり、おすすめです。

選ばれるために

時代や自分のポジションに合わせて、リブランディングしよう

Chapter 4

ステップ❷
違いを出す

「自分ブランド」を確立する

4-1

違いを出せる場所はどこか

パーソナル・ブランディングのステップ❷は、「違いを出す」です。ステップ❶で見つけた唯一無二の「自分らしさ」を基にライバルとの違いを明確に打ち出し、「自分ブランド」を確立します。

まずは「違いを出せる場所」を**「ブルーオーシャン戦略」**で考えましょう。ブルーオーシャンとは、海での漁に例えて**「確実に魚がいて、ほかの漁船がいない漁場」**のこと。すなわち競争相手がいない市場です。自分しか漁をしていない状況は、最初は不安に感じるかもしれませんが、ライバルがいないぶん、**ビジネスチャンスを獲得する**ことができます。指名で選ばれる人は、こういう状況を作るのがうまいものです。

一方、ブルーオーシャンの反対語として**「レッドオーシャン」**があります。これは、

3C分析でブルーオーシャンを見つける

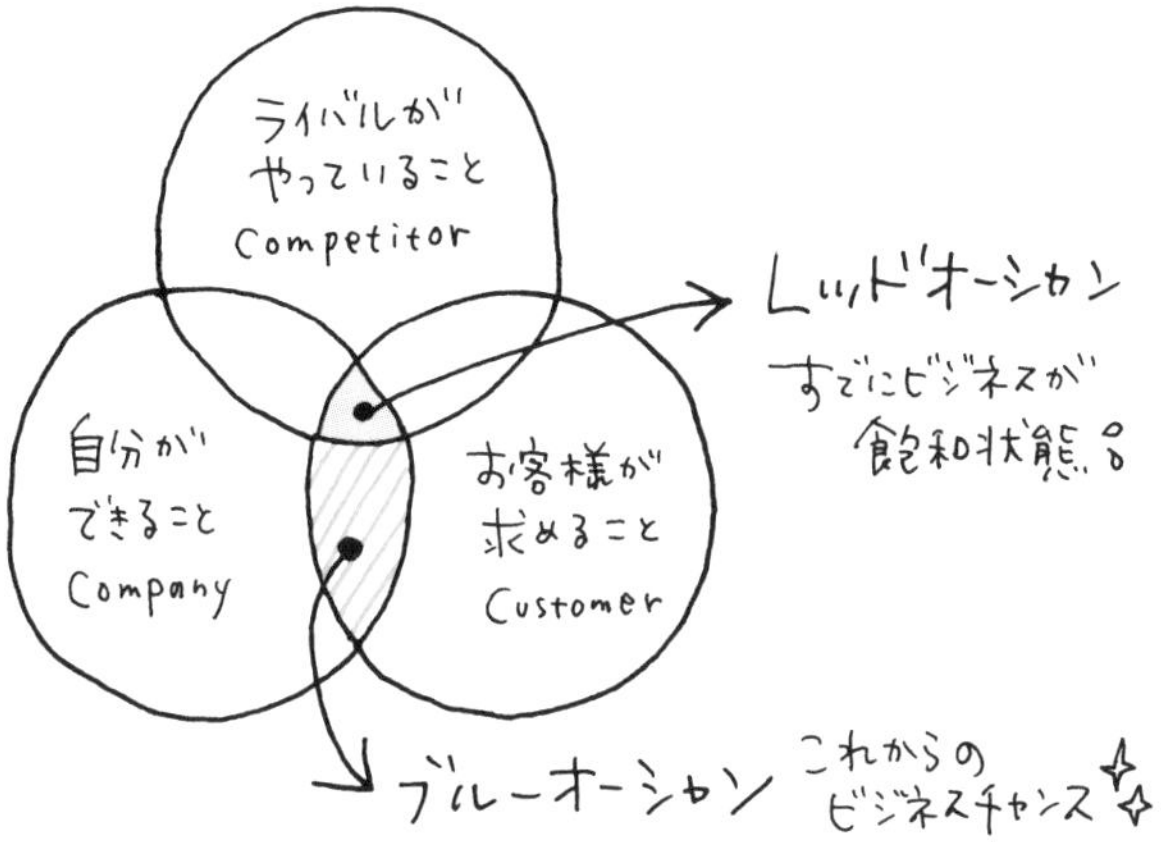

「魚はたくさんいるけれど、そこに船を出しているライバルも多いため、激しい競争が繰り広げられ、海が血で赤く染まる」という意味です。同レベルの同業者がたくさん存在しすぎて、お客様から見ても差がわかりません。

さて、ブルーオーシャンを見つけるためには**「3C《スリーシー》分析」**というフレームワークを活用します。その際のポイントは、**「未来志向」で考えること**です。3年後、5年後、10年後といった未来をイメージしながら、**お客様が求めること(Customer)**、かつ**ライバルや同業者がやっていないこと(Competitor)**で、**自分が提供できること（Company）**を考えます。手順としては、次の通りです。

❶ **お客様が求めること（ニーズ）を書き出す**
❷ **ライバルや同業者がやっていることを書き出す**
❸ **自分ができることを書き出す**
❹ **ブルーオーシャンを探す**

前ページの図でいえば、**中央のグレーの所はすでに飽和状態なので、その下の斜線のマーケットを考える**のです。

私たちはつい、皆がいる所に行きたくなりますがそれは間違い。人と同じことではなく、踏ん張って、**自分だけができることを探すのが、ブルーオーシャン戦略**です。

差異化ポイントは、自身の情緒的価値

3C分析をする際のもうひとつのポイントは、**機能的価値だけでなく、情緒的価値を考える**ことです。自分自身の機能・職能を磨き続けるのは当然として、今どき、それだけでは、同業者と違いを出すことはできません。圧倒的な超絶特殊技能を持つような人は、そもそも集客に悩んでいないでしょう。**どうやったら同業者の中で違いを出せるのかわからない人にとっての解決策が、情緒的価値**なのです。

例えば私の場合、機能的にはあまたの競合がいる「コンサルティング業」「講師業」にあたります。ですので、情緒的価値を明文化しています。

すなわち**「スピード感を重視」「解決するだけでなく、予想を超えるところまで連れていき、驚かせる」「相談することでスッキリ、爽やかな気分になる」「私がいなくても、みんなができるようにして安心させる」**などを重視しています。

私自身がもともと、はっきりモノを言う性格ですし、じっくり寄り添うというより「どん！」と背中を押すタイプ。そうした自分の特性や、お客様から好意的な評価をいただいている点を情緒的価値として盛り込み、ブルーオーシャン戦略を作りました。

あなたが日ごろ、お客様から褒めてもらうところは何ですか？

「しっかりしているね」「仕事が丁寧だね」「いつも笑顔でいいね」など、仕事ぶりを褒めていただくことがあるなら、そこが、ほかの人との決定的な差異化ポイントです。

選ばれるために

「機能的価値」だけでなく、「情緒的価値」で違いを出そう

4-2

「選ばれる自分」になるためのブランド・キーワード作り

前節で「違いを出せる場所」が見つかったら、次に**「ブランド・キーワード」を作成**します。

ブランド・キーワードとは、「私はこういう人です」「私はこう思われたいです」を**言語化したもの**です。

左ページの図を見ながら、あなたも囲みの中を埋める言葉を思いつく限り、たくさん書き出してみてください。このとき参照したいのは、ステップ❶の「自分らしさ」を見つける過程の中で集めた、「自分を表現する言葉」です。それらを改めて見直して、再編集するのもいいでしょう。

ブランド・キーワードには、**自分が提供できる技術（機能的価値）と、自分が提供できる感情に訴えかける価値（情緒的価値）の両方**を盛り込みます。

ブランド・キーワードを作る

私は、［こんなタイプ］のお客様の
［悩み、望み（ニーズ）］を解決する
［肩書］です。
私にはこんな［機能的価値］と
［情緒的価値］があります。

例えば私の場合、こうなります。

「私は、**専門家・経営者・文化人・クリエイター**（＝お客様）の、**「圧倒的に上のレベルに行きたい、メディアに出演したい」という望み**（＝ニーズ）を支援する**ブランドコンサルタント**（＝肩書）です。

私には**ブランディングの確かな知識に加え、マーケティング・広報・クリエイティブといった周辺領域にも精通している**という機能的価値と、**スピード感があり、予想を超えるところまで一気に連れていき、驚かせる人、カジュアルで率直な語り口の人**という情緒的価値があります」

これで大体200文字程度ですが、この

ブランドはお客様の側にできる

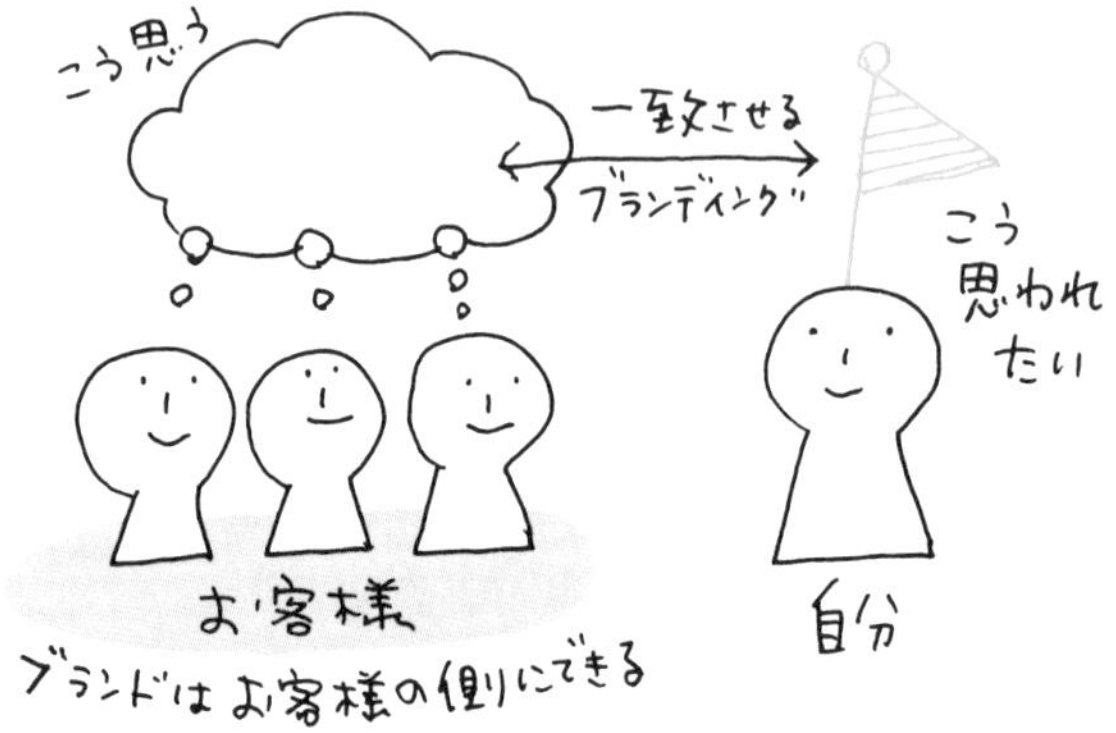

程度の文字数でも、どんな仕事をする人間なのか、仕事のタイプや人柄も含めて大体イメージできますよね？

ブランド・キーワードは短くまとめすぎると特徴が表現できないので、150～200文字程度で作成するとよいでしょう。

キャッチコピーではないので、カッコよくまとめる必要はありません。自分を的確に表現することを優先してください。

次は、プログラマーの方の例です。

「私は、中小企業の経営者（＝お客様）の、『DXを推進したいけど難しいことはイヤ』という悩み（＝ニーズ）を解決するプログラマー（＝肩書）です。

私には、前職で大企業の基幹システムを

開発した経験から、中小企業が取り入れやすいソフトウェアを熟知しているという機能的価値と、優しさやわかりやすさ、丁寧であることを大切に、最後までとことん付き合う実直な人柄という情緒的価値があります」

ブランドはお客様の側にある

ブランド・キーワードとは、Chapter 1から、図のイラストに描かれている「旗」のこと。**「私はこういう人です」「私はこう思われたいです」と、お客様に対して伝えていくための、長期的な行動の指針**です。

「こう思われたい」というブランド・キーワードがお客様に浸透することで、その人は「ブランド」として認識されます。ブランドとは、実は自分の側でなく、お客様の側にできるもの。すなわち、**お客様の頭に浮かぶイメージであり、心象**なのです。

選ばれるために

「ブランド・キーワード」を作って「こう思われたい」をお客様に伝えよう

4-3

ブランドは「名前」に宿る

ブランド・キーワードが定まったタイミングで改めて確認したいのが、パーソナル・ブランドの一丁目一番地とも言える、あなた自身の**「名前」**です。

「ブランド」は名前に対して集まり、蓄積されます。例えば有名スポーツ選手や、芸能人をイメージするとわかりやすいでしょう。

「大谷翔平」「綾瀬はるか」……**名前を聞くと、顔と姿形が浮かぶ。何が得意な人なのか思い出せる。話し声も思い出せる。**これがブランディングできている人です。

有名人は、「ブランドが名前に蓄積される」の理想を生きています。我々、ビジネスパーソンも同じ。**まず名前を知られ、覚えてもらうのがブランド作りの第一歩**です。

人間、知らないものは思い出せません。当たり前ですが、知らない人を指名もできませんせん。その名前の人がどんな活躍をしているか記憶してもらえたら、「選ばれる」

ブランドは名前に蓄積される

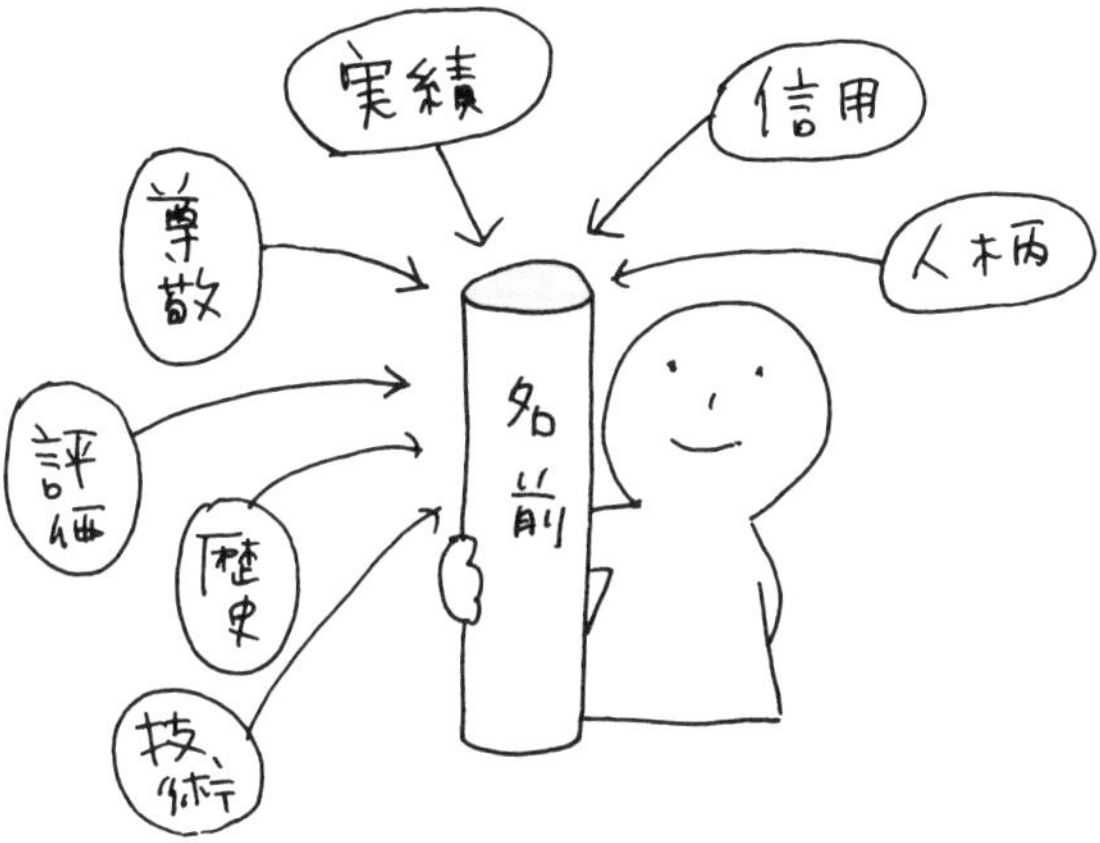

にグッと近づきます。

ご自分の名前には、悩みや思い入れがある人も多いことでしょう。「同姓同名が多く、特徴のない名前」という人もいれば、「特徴がありすぎる、難読名」「キラキラネームで恥ずかしい」という人もいます。「家族と名前が似ていて比較される、混乱する」「旧姓にするか、結婚後の姓にするか」「家族の名前から離れたい」「画数が気になる」という人もいます。

とにかく名前に対しては、難しい課題を抱えている人を数多く拝見してきました。

しかし、「ブランドは名前に宿る」というのは、変えようのない事実です。

そこで、名前をどのように活かすべきか、あなた独自の戦略を考えましょう。

正直な話、ブランディング上は印象の強い名前が有利です。キラキラネームは大変有効で、日常生活に不自由がなければ活かしたいところ。読めない名前・難読名は個性が出ますが、そのままだと覚えにくいので、名刺やウェブ・書類などで表記する際は、必ずふりがなを振りましょう。

同姓同名が多い場合は、**キャッチフレーズと肩書を組み合わせて**使います。ほら、アイドルの自己紹介や、スポーツ選手の紹介で、名前を読み上げる前にキャッチフレーズが付いているのを見たことはありませんか？　まさにあれです。例えば**「メディア業界に強いブランドコンサルタント、守山菜穂子です」**。ブランド・キーワードを短くしたキャッチフレーズと肩書をセットにして名乗れば、フレーズごと記憶されます。

ビジネスネームか本名かに悩んだら…

本名から離れて仕事をしたい場合は、ビジネスネーム（ペンネーム、ハンドルネーム、芸名など）を作りましょう。人とかぶらない名前を新たに作るのはなかなか大変ですが、10案、20案とアイデアを出していきます。

本名とビジネスネームの違い

	⊕メリット	⊖デメリット
本名	・生きてきた年数分の信用がある ・本人の存在感がある	・人とかぶりやすい ・難読名もある ・個人情報の流出リスク
ビジネスネーム	・個性的、覚えやすい ・個人情報の保護 ・仕事とプライベートの区別	・創作が難しい ・実態や存在感が希薄になることも ・本名とビジネスネームで二重人格に

決定要件は、次の3つです。

❶ **古今東西の同業者や有名人とかぶらない。特に他者の商標を侵害していないか注意**

❷ **名前に込められた意味を理解できる**

❸ **誤読の恐れがなく、発音しやすい**

間違っても、声に出して読めないような名前を付けないでくださいね！　ビジネスパーソンの場合、企業の受付や電話口で名乗ることも多いと意識しましょう。

いつかその名前で有名になり、メディアに取材されてもよいような覚悟でビジネスネームを作っておくと安心です。

印象的で覚えてもらいやすい名前にする

ために、ビジネスネーム内に記号や外国語を使う場合もあります。「つんく♂」さん、「つのだ☆ひろ」さんなど、記号が入ると意味も発生しユニークですが、**読み方がわからず混乱するとか、ウェブ上で文字化けするといったリスク**もあります。また**その記号や言葉が、別の国で違う意味に解釈されないか**も注意が必要です。

なお、名前はそのまま、SNSやYouTubeのアカウント名、メール・チャットなどのアドレスに設定できます。ビジネスネームを作る場合、@を頭に付けて成立するか、アカウント名が取得できるかを決定前に確認しておきましょう。

ホームページを作成する場合は、名前が「naoko-moriyama.com」などのドメイン、URLにもなります。

「世界で一番素敵な言葉」

名前がテーマになっている、私の大好きな歌があります。タイトルは『世界で一番素敵な言葉』。ここに、その歌詞の二番を引用してご紹介しましょう。

「世界で一番目にする言葉　世界で一番耳にする言葉　世界で一番身近な言葉

選ばれるために

自分の名前を世界一、大切にしよう

それはあなたの名前です　あなたが誰かと出会った時に　必ず聞かれる最初の言葉　自分より人のためにあるもの　それがあなたの名前です　『何のために生きてるのか？』『自分に何ができるか？』　名前の中には使命（氏名）が隠れている…　あなたは愛されて生まれてきた　必要とされて今ここにいる　あなたの名前はそれを解くカギ　世界一の宝箱」

（作詞・作曲／安達充、歌／癒《いや》シンガーKeiko）

この短い歌詞に、名前の持つ意味、重要性がすべて込められています。私はこの歌を初めて聴いたときに、感動で震えてしまいました。

世界で一番目にし、自分の信用が集まる「ブランドの拠《よ》り所《どころ》」とも言える存在が名前です。**本名でもビジネスネームでも、自分の名前は世界一、大切にしてください。**

4-4

会社名・屋号…「ネーミング」で印象を操作する

自分自身の名前に加え、**「所属名」**も、自分の存在感に大きく影響します。

例えば、法人として起業するなら会社名、店舗名や事務所名、個人事業主であれば屋号、会社員の方なら、独自にチーム名を付けてもいいでしょう。

「大企業の名前や有名商品の名前があればうまくいく」というような単純な話ではありません。**たとえ小さな会社や個人事業主でも、名前の付け方、すなわち「ネーミング」次第で存在感やベネフィット（お客様が得られる効果や利益）を示すことができます。**

私の会社名は「株式会社ミント・ブランディング」ですが、これは薬草の一種である「ミント」から取りました。ギリシャ神話にミントの化身「妖精ミンテ」が登場するなど、古代から世界中で愛されてきた植物です。現在はハーブとして、消炎鎮痛作用、抗ウイルス作用、冷却・リフレッシュ効果など、さまざまな「薬効」が認められており、清涼感のある香りは、情緒安定や自律神経を整えるのにも即効性があります。

そこで、ブランディング業界で確実な効果・効能を示したい。企業や経営者の不安、イライラ、モヤモヤをスッキリ解消したい。ビジネスの一服の清涼剤になりたいという思いを込めて「ミント・ブランディング®」と名付けました。

あなたも所属する組織に名前を付けてみてください。扱っている商材に名前がなければ命名してみましょう。**目指すものや、仕事を通して提供できる効果や期待から付ける方法のほか、経営者やリーダーの名前を付ける、個性的な音やゴロ合わせで付ける**などの方法もあります。

所属名の印象が伝われば、お客様も圧倒的にあなたを記憶しやすくなります。自分の名前と、所属の名前が調和していれば、自分自身も働きやすくなるでしょう。また、**それがブランドの中核となり、周りに「世界観」が構築されます。**

選ばれるために

自分の名前と所属名の掛け合わせで効果や期待を感じさせよう

4-5 「あなたは何者か」を示す肩書を作れ

個人の名前と所属名が定まったら、次は「肩書」です。

人は肩書であなたを見ています。ポジションや役割といった会社の職位の話ではありません。むしろ「○○株式会社 ○○部 課長」といった職制だけでは、どんな仕事をしている人なのか、たいして伝わらないでしょう。

パーソナル・ブランドにおいての**肩書は、自分を端的に表現するための言葉**です。うまく作れると、**肩書の数文字だけで見つけてもらえ、指名される**こともあります。

タレント・武井《たけい》壮《そう》さんの肩書は「百獣の王」です。彼は陸上競技・十種競技の元日本チャンピオンで、引退後はタレントとして活動。現在ではシニアスポーツ選手としても活躍しています。「タレント・武井壮」ではなく、「百獣の王・武井壮」と表記することで、ずば抜けた身体能力や強さがひと目で伝わり、世界観が濃くなりますよね。

経営コンサルタント・石原尚幸《いしはらなおゆき》さんの肩書は、「V字回復コンサルタント」。業績が下降気味の企業経営者は、肩書だけで頼れる人だ！　と感じるのではないでしょうか。研修会社Ｂｒｅｗ株式会社の代表取締役・原佳弘《はらよしひろ》さんは「組織発酵学®人材育成プロデューサー」。長期戦でじっくり人を育てる方針と、すぐにわかります。

印象的な肩書を作るには、次の2つを意識してください。

❶ **自分の得意分野や専門分野がひと目でわかること**

❷ **どんな商品やサービスを提供しているかが想定できること**

また、商標を侵害していないか、事前にチェックすることもお忘れなく。

会社員で、職制以外の肩書を名刺に記載するのが難しい場合は、会社の名刺とは別に、独自の肩書でもうひとつ名刺を持つという方法もあります。

選ばれるために

肩書で自分らしさを伝え、見つけてもらおう

4-6

人の心を動かす！「プロフィール」のテンプレート

ここまでの流れで、ブルーオーシャン市場を探り、ブランド・キーワード、自分の名前と所属名、肩書が完成しました。すでに、あなたは今までの自分とは違う「存在感」を確立しつつあります。次は、いよいよ「プロフィール」を作成しましょう。

例えば、書店で本を手に取ったとき、内容よりもまず著者の人物紹介から目を通したことはありませんか？「どんな人が語っているのか」がわからないと、話自体が信用できない。そう考えるからです。この人物紹介を「プロフィール」と呼びます。

選ばれる人になるためのプロフィール作成のポイントは**「自己開示」**です。**自分に関する情報を、盛らず、飾らず、率直に伝えることで、安心感を醸成**します。

参考までに、次ページに私のプロフィールを掲載します。

プロフィールの書き方（サンプル）

◆PROFILE

① 守山 菜穂子　Naoko Moriyama
② 株式会社ミント・ブランディング
代表取締役／ブランドコンサルタント

③④ 1975年生まれ、千葉県千葉市 出身。
⑤ 多摩美術大学 美術学部 グラフィックデザイン学科卒。
読売広告社の営業職を経て、2000年、小学館に入社。

広告局に10年間在籍し、ファッション誌や情報誌など主要雑誌の広告を担当。

10年間で国内外 約1,000社の企業とブランディング・ビジュアル構築のプロジェクトを行う。

2010年より、デジタル事業局にて、電子書籍の開発に携わる。


2014年1月 小学館を退職し、フリーランスのコンサルタントとして独立。

2017年3月10日「ミントの日」に事業を法人化し、
株式会社ミント・ブランディング 代表取締役に就任。

企業やクリエイターに向けて、ブランディング、広報のノウハウを提供。

感性と理論を併せもつ確かなブランドづくりに定評がある。

2024年、初の単著『選ばれる人になる「パーソナル・ブランディング」の教科書』（三笠書房刊）が発売される。

⑥ ● 一般財団法人ブランド・マネージャー認定協会　エキスパートトレーナー
● PR TIMES　認定 プレスリリースエバンジェリスト

⑦ 守山菜穂子 公式サイト　https://naoko-moriyama.com/

プロフィール文の執筆ポイントは、以下の通りです。

① 名前とその読み

プロフィールの1行目に書くのは、自分の名前です。読みも必ず記載しましょう。名前を間違えられる懸念をなくし、読み方で相手を悩ませることも防げます。

② 所属名と肩書

前述した通り、あなたが仕事を通して提供できる価値や期待を表す所属名と、あなたは何者かを示す肩書が入っていれば、それだけであなたが何をする人かわかります。

③ 生まれ年

日本の商習慣では、プロフィールには生まれ年を表記するのが一般的です。読んだ人は、自分の年齢と比較することで、あなたへの信頼や敬意、親近感を持ち、共感してくれることもあります。共感を重視する社会である、日本らしい商習慣と言えます。

ただし、アメリカやヨーロッパでは、ダイバーシティ（多様性）の観点から、生ま

自分から自己開示することで
お客様が選びやすくなる

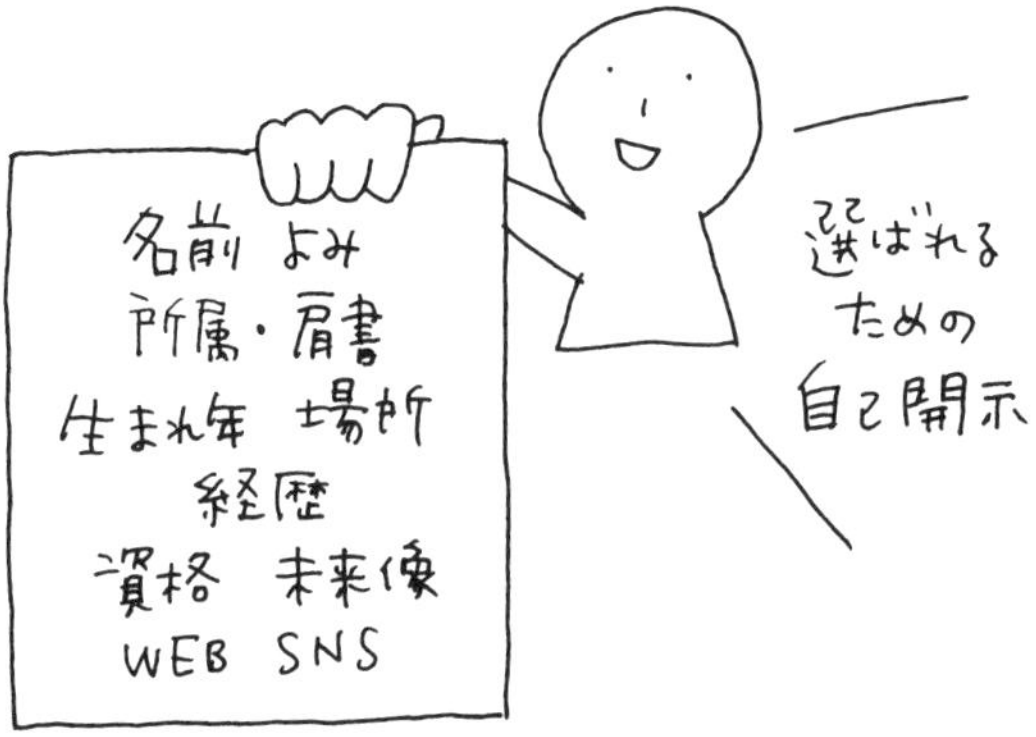

れ年や年齢を表記することがNGとなります。現在、自分が働く市場とお客様に合わせて設定しましょう。

❹ 出身地

生まれた土地や育った土地名を入れると、年齢同様、あなたへの親近感を生み、印象が明確になる効果があります。

ただし、出身地は個人情報でもあります。「出したくない」「出す必要がない」と考える人は、非表示でも何ら問題ありません。

❺ 経歴

学生時代から現在まで、経歴を時系列に示します。「〇年間にわたり」「〇件の実績」など、数字を入れると異業種の人にも伝わりやすいでしょう。起業したてや実績が少ない人でも、「起業して1年間で3件の実績を獲得」と正直に書いて構いません。受賞歴やメディア出演歴がある場合は、主要なものを実績として掲載します。

プロフィールの最後の1行は、現在進行形、もしくは未来形で終わらせてもいいでしょう。「○○を必要な人に届けるために活動中！」「○○な未来に向かって邁進中」などと書けば、スカッとした明るい印象に。「○○な人と出会いたいと考えている」と書けば相応の人が自然に集まってきます。ゴルフが趣味、犬が好き、2児の父など**プライベートな情報を入れておくと、親しみを感じてもらえ、会話の糸口**になります。

❻ 資格や他の所属団体

取得した資格は、信用に結びつくのでプロフィールにどんどん入れましょう。**資格の取得順ではなく、「これからの仕事に重要な順」**に並べていきます。

ほかに所属する団体・勉強会などがあれば、その名称を入れておくと、あなたの姿が立体的に浮かび上がります。ビジネスプロフィールではあっても、趣味の団体なども入れておいて構いません。

⑦ウェブサイト

ホームページ、ブログ、ECサイト、SNSなどはプロフィールにすべて記載します。これも**「これからの仕事に重要な順」**です。ECサイトやSNSは、サービス事業会社の公式ロゴデータをダウンロードできますので、規定を守って利用しましょう。

URLをすべて載せるのは、**お客様側でどれを閲覧しフォローするか、選べるようにするため**です。リアルのショップに行きたい人、まずはSNSをフォローしたい人など、お客様があなたに対して感じる距離感によって行動はさまざまです。

QRコードを掲載しておくのも、おすすめです。インターネット上に無料作成サービスがたくさんあり、色をつけたり、中央にマークを入れたり、アレンジも可能。ただし、**QRコードはスマートフォンのお客様は使いやすいですが、パソコンのお客様は使いにくいので、URLとQRコードを併記**しておくのが親切でしょう。

選ばれるために

プロフィールは盛らず、飾らず、今と未来の自分を自己開示しよう

4-7

ブランド力を高めたいなら、自分の年齢を公開せよ

プロフィールを作成するにあたって「年齢を内緒にしたい」という人は多いもの。しかし、プロフィール上で年齢を非公開にすると、いくつかデメリットがあります。

まず、**自分のキャリアを客観性のある数字で表現することができません**。「大学卒業後、○○の仕事を20年間」などと書けば年齢はバレるし、でも実績は伝えたいし、とジレンマに陥ってしまいます。「あの時代の業務と、現代の業務、両方を知っている」というような、歴史や経緯を大切にする仕事も引き受けることができません。

2つめのデメリットは、お客様が気にしてしまうこと。**年功序列で動くことの多い日本企業では、相手の年齢を知ることから関係作りを行う人が多い**ものです。

私はコンサルタント・講師という職業柄、初対面でいきなり専門分野をレクチャーすることが多いので、事前に年齢を公開しています。お会いした瞬間に「同い年なん

です」と共感の言葉をいただくこともよくあり、業務上はメリットしかありません。

また、年齢非公開では、**メディアによる取材獲得が正直なかなか難しくなります。**新聞やテレビの報道では年齢を表記しますよね。メディア業界では「生まれ年さえ公開できない人の、経歴や話を信用できるのか？」と考える風潮があるためです。

そもそも、「年齢を内緒にしておきたい」の理由はどこにあるのでしょう。**「若く見せたい」という人は、うまく年齢を重ねられていないことを疑いましょう。**「意外と歳をとっているから」とか、「自分のキャリアと年齢が釣り合っていない」という人は、年齢が恥ずかしいのではなく、自分の内面やキャリアのほうに自信がないのです。

この長寿社会、あなたも70歳ぐらいまでは仕事をするでしょう。信用され、選ばれる人になるために、人生で一番若い「今日」から年齢を公開してみませんか。

選ばれるために

年齢を公開することで、会う前から、信頼や親近感を得よう

4-8

「出身地公表」が親近感と信頼を生む

出身地を公表すると、面白いことが起こります。例えば、私はプロフィールに「千葉県出身」と記載していますが、出張先の宮城県でクライアントの役員に「私も千葉県出身です！」と駆け寄られたことや、地元の中学校の先輩に見つけてもらい、25年ぶりに交流が復活したことがあります。

ある書道家は、当初プロフィールに神奈川県出身とだけ表記していましたが、話の中で、厄除けで有名な川崎大師の参道近くで生まれ育ったことがわかりました。「毎日、学校が終わってから大師さまの境内で遊び」「お祭りのときは町じゅうが盛り上がるのが嬉しくて」との話を聞くにつれ、地元に誇りを持っていることを感じました。

そこでプロフィールの記載を「神奈川県出身、川崎大師の参道近くで生まれ育つ」と変更していただいたのです。このように、ご自分の出身地を大切にすることで、ビジネスにも大いに自信を持つことができます。

長くその土地に住んでいるとか、転勤であちこち移動している、海外での在住経験があるなど、自分が生きてきた場所は自分らしさを表現するフックになり得ます。子ども時代のエピソード、学生時代に取り組んだことなどが現在の仕事に影響している場合は、プロフィールに盛り込むのもおすすめ。親しみやすさが増します。

また、行政や学校、建物や店舗など、地元密着型の仕事を増やしたい場合、住んでいる地域を公表するのは大変効果的です。地元メディアにも取材されやすくなります。**「メイド・イン・〇〇（〇〇産）」は、商品のみならず人間にも有効なのです。**ただし、個人情報漏洩リスクがあるので、公表は市区町村郡レベルにとどめましょう。

選ばれるために

自分の出身地を大切にし、自分が生きてきた場所を伝えよう

4-9

「学歴・職歴コンプレックス」そんなの言い方次第！

経歴を作成するときに、これまで深く悩みながら、誰にも相談できなかったこととしてよく打ち明けられるのが、学歴に関するものです。

「そもそも学歴に自信がない」
「無名の学校だから、名前を書いても意味がないのでは？」
「今の自分とまったく関係ない専攻を書くのが恥ずかしい」

こんなお話を日常的にお聞きします。

ただ、本書を手に取って読んでくださっているあなたは、何か成し遂げたいことがあり、選ばれたくて、自分のブランディングを始めているのですよね。若い頃に勉強しなかったかもしれないけれど、今はかなり勉強されているのではありませんか？

それならば、その点を**「物語」にして伝えてしまえばよいのです。**

学歴は、そこから現在に至る
エピソードを書くための材料

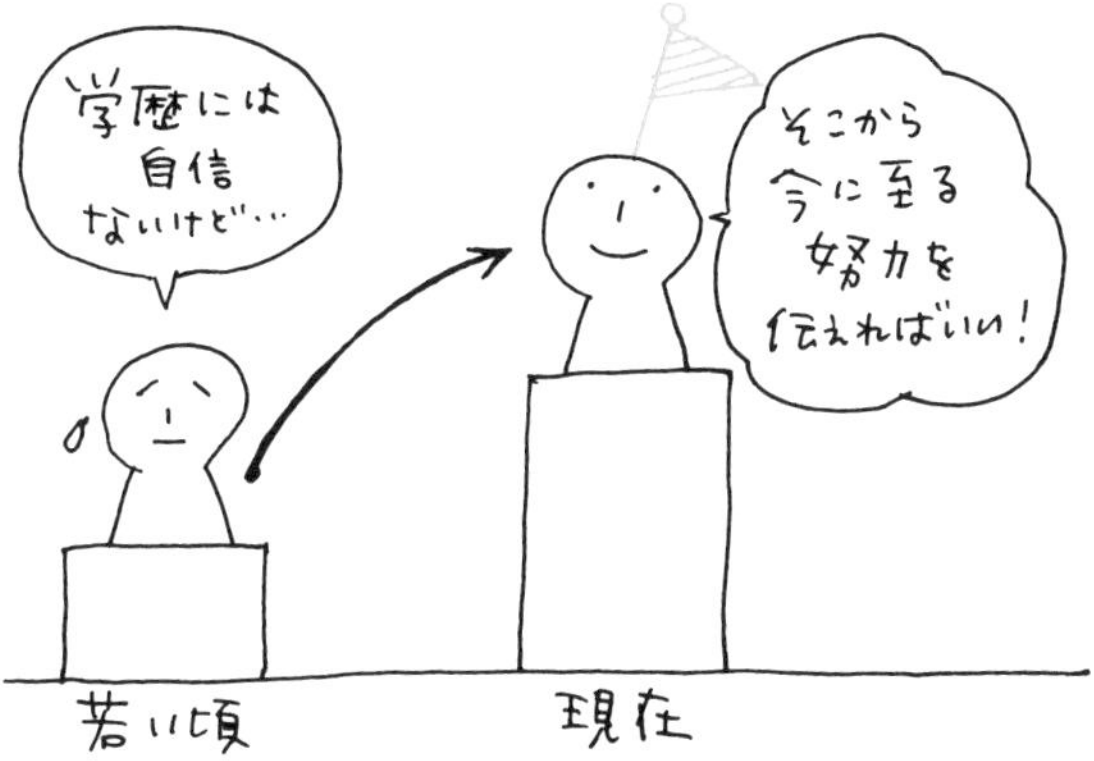

昔の自分はこうだった。正直に白状すると、こんな残念な時期があった。しかし、勉強し努力して、今はこういう自分を目指している。こういう「エピソード」は、まさしく88ページでお伝えした**V字回復の物語となり、人の心を打つ**ことでしょう。

ある経営コンサルタントの最終学歴は「高卒」です。しかし大人になってから経営の猛勉強をして、さまざまな資格を取得。現在はオリジナルの経営メソッドを武器に、本を何冊も書き、全国で講演活動をされている「選ばれる人」になっています。

データを読み解くと、日本の大学進学率は１９９０年に約24％、２０００年に約40

%、2010年に約51%。だから現在30〜40代の人の半分以上は中卒・高卒・専門学校卒ということになります。

経営コンサルタントという職業は高学歴のイメージがありますが、**お客様側である中小企業の経営者や社員には学歴云々より、話をわかり合える人のほうが共感を生む**とも言えます。彼は、自分が高卒であることを早々に公表し、地元の経営者たちと膝をつき合わせて議論し、地域のアニキ分として大活躍しています。

また、ある大手出版社勤務の女性は学歴を伏せていました。社内には東大や有名私大出身者が勢ぞろい。彼女の卒業した私立大は知名度も低く、恥ずかしかったのです。一方で彼女は、同級生と卒業後30年にわたり密に連絡を取っていました。母校独自のマイナーな専攻も、自分の素地になったという認識もありました。花形ポジションの編集長を経て部長に昇格したとき、彼女は大学名を公表すると決心したのです。

「なんで今まで恥ずかしいと思っていたのか。そう思っていた自分が恥ずかしいし、悔しい! いつか母校で、後輩のために講演ができたらいいな」

こう晴れやかに話す彼女の夢は、すぐにかないそうです。

職歴コンプレックスも捉え方次第

キャリアがあれこれ分散している場合や、まったく異業種からの転職、育児・家族の介護や転勤などでキャリアに分断がある人も、恥ずかしい、カッコ悪いなどと考え、職歴をプロフィールに書くかどうか、悩むことが多いようです。

そんなとき、私はこうお伝えします。**「それも全部、書いてしまいましょう！」**。

多岐にわたる業種で実務に勤しみ、幅広い経験を積んだこと。学業や子育て・介護などでキャリアが分断し、再復活したこと。そこで学んだこと。今、感じていること。

これらすべてがあなた自身の「生きてきた証し」であり、あなたの特徴です。

勇気を持って開示することで、似たような経歴や同じ苦労をしたお客様や仲間が集まってくるかもしれません。

選ばれるために

学歴・職歴コンプレックスこそが自分の魅力になり得ると認識しよう

4-10

あなたの顔写真、プロフェッショナルに見えますか？

ビジネス用の顔写真となる「ポートレート写真」は、**あなたの商品写真**と言えます。「選ばれる人」になるためには、**質の高いポートレート写真**を使いたいもの。

まず、犬・ネコなどのペットや、子ども・家族の写真、推しのアイドルやキャラクターを、自分のポートレート写真としてSNSに使っていませんか？　これではあなたの存在感が希薄になり、顔を覚えてもらいたいという意思も感じられません。他人の写真は、肖像権や著作権の侵害にもなります。推しはスマホの待ち受け画面だけにして、**ビジネス用の写真はきちんと自分の顔写真**に差し替えるべきです。

ぜひ、プロフェッショナルらしいポートレートを撮影しましょう。

ビジネスパーソンのポートレート写真は、ファッション雑誌のモデルや、ミュージシャン、アーティストなどの写真とは撮り方が違います。ただキレイ・カッコいいだ

写真のポーズや目線には意味がある

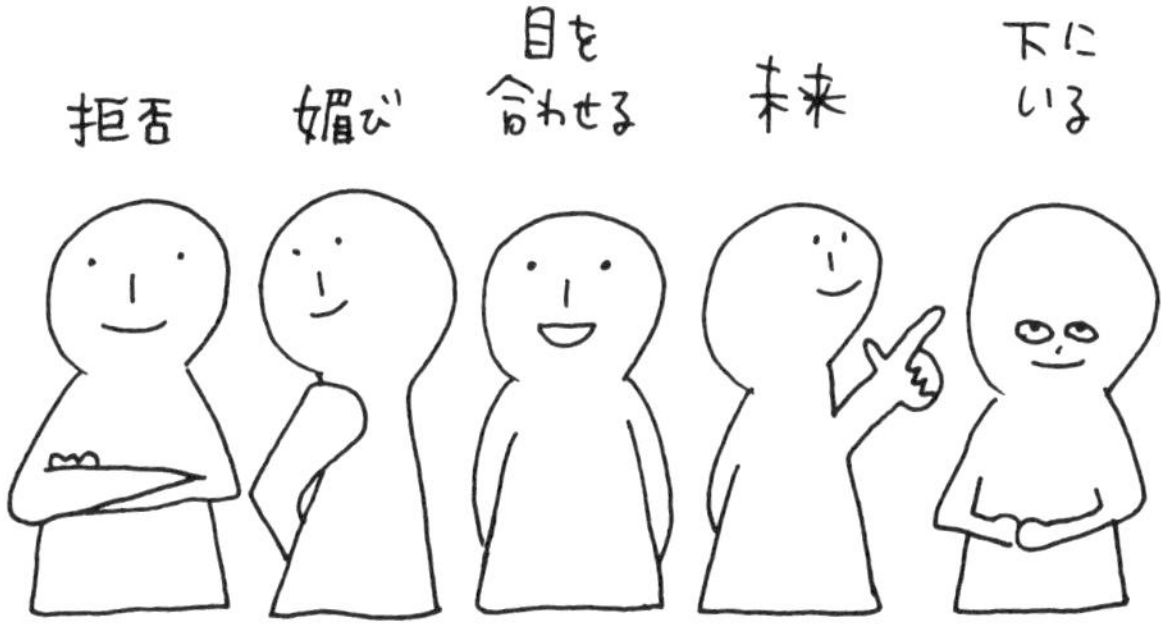

けではダメで、**信用できる人間であるということを伝えなければなりません。**

それを表現できるプロのフォトグラファーに撮影してもらえるサービスが、今、全国にたくさんあります。友達や家族に手持ちカメラで撮影してもらうのも気軽ですが、プロの技術にはお金を払うだけの価値があります。

写真のポーズや目線には意味がある

人間のポーズ（姿勢）には意味があります（141ページ）。例えば、**腕を組んでいるのは「拒否」のポーズ**。相手に勝つことが必須のスポーツ選手や、人の意見を受け入れない頑固オヤジのラーメン店ならよいですが、相手の懐に入りたい営業パーソンや士業にはふさわしくありません。一方で、**体をねじっているのは「媚び」のポーズ**です。男女ともにしなやかさを感じさせるフォルムとなり、ビジネスシーンではセクシーすぎるかもしれません。

目線にも意味があります。撮影時に真正面からカメラのレンズを見る「カメラ目線」は、お客様と自分がしっかり目を合わせることができ、堂々と見えます。

カメラから目線をはずして「上のほう」を見ると、何かを空想しているように感じさせます。特に仕上がった写真で「右上を見ている」場合（撮影時は自分の左上を見る）は、右肩上がりの未来や成功を感じさせます。一方、カメラの「下のほう」を見ていると、自分のルーツや、経緯・過去などを大切にしていると感じさせます。

「上目遣い」は「相手の下に自分が位置する」ことを伝える目線です。愛されたいアイドルがよく使いますが、ビジネスシーンでは相手になめられる可能性もあります。

服装やヘアメイク、背景なども工夫しましょう。

撮り方は目的に合わせて決める

モノクロ写真は一見おしゃれに見えますが、**時間が止まっているような印象**も与えます。現代を生きるビジネスパーソンには、カラー写真をおすすめします。一方、伝統文化の保存に携わる業種など、歴史やルーツを大切にする職業の人ならモノクロ写真はぴったりです。**目的に合わせて写真の撮り方を決める**のが重要です。

「現場」風景を撮影するのもおすすめです。例えばリハビリの仕事なら、ユニフォームを着て介護施設などにいる写真。建築関係なら建設現場などにいる写真。チームで動いている場合は、チームの写真。プロフェッショナルとしての躍動感が伝わります。

撮影後は、同じ写真をあらゆる所に掲載します。名刺や営業用資料、ウェブサイト、SNSのほか、Google や Microsoft などのアカウント、Slack や Chatwork といったビジネスチャットなどは写真を入れる箇所が増えています。

同じ写真でそろえれば、お客様があなたを見つけやすくなり、また初めて会った後は写真があなたの印象を継続します。**忘れにくく、思い出しやすい人になれるのです。**

選ばれるために

各ツールを同じ写真でそろえて見つけやすく、忘れにくい人になろう

実例公開

選ばれる人のポートレート写真はここが違う！

あなたの「商品写真」とも言える顔写真の重要性がわかったところで、では、どんな写真であれば「信用できる人間であることが伝わるのか？」、大いに気になりますよね。

そこでまずは、私自身がどんなポートレート写真でビジネスを拡大してきたか、その変遷を公開したいと思います。

また、経営コンサルタントや起業家など、「選ばれる人」たちはどのようにポートレートを撮ってきたのか、実例写真をご紹介するとともに、プロフェッショナルたちの撮り方の裏側も大公開。撮影時の目線やポーズ、服装、背景にどのような意図を込めているのか、さらには、色の使い方もまとめました。

あなたのブランド戦略に、どんな写真とどんな色がふさわしいのか、考えるきっかけにしてみてください。

著者が実践！15年間でこんなに変わった選ばれるためのポートレート写真

Case 1　著者／ブランドコンサルタント・守山菜穂子

2009年（34歳）
当時流行したてのSNS。初めて載せたアイコンは、ただの空の写真でした…

→

2012年（37歳）
初めての顔出しは自撮り。顔が切れているし、スマホアプリで盛りすぎた！

→

2013年（38歳）
独立を決め、初めてカメラマンに撮影依頼。正面は恥ずかしくて、横向き

→

2014年（39歳）
講師として独立。立派に見せたくて、思いっきりマジメに。初の正面写真

→

2018年（42歳）
楽しい講座の雰囲気を伝えたく、笑顔の写真に！青いシャツで個性も表現

→

2024年（49歳）
リラックス感、自由な雰囲気を伝える写真に。親しみやすさを感じてもらいたい！

私は数年に一度、ポートレート撮影をしています。ポートレートの撮影は新しい自分を発見でき、自分への客観性も養うことができる、貴重な機会。自分は今どこを目指しているのか、どんな服装で、どんな表情をするべきか、撮影を通して「選ばれ方」を設計しています。

自身のビジョンに向かって、写真を刷新
どんどん洗練され華やかな雰囲気に！

Case 2 経営コンサルタント・石原尚幸さん

2008年（35歳）
会社員から独立したときに撮影した写真。肩を丸め不安げな様子がうかがえる

2014年（41歳）
出版記念セミナーで撮影。見下ろした目線とクールな表情で、ちょっと偉そう

2020年（47歳）
グレーの背景で、知性と重みを表現。ブランドカラーのネクタイをアクセントに

2023年（50歳）
メディアへの露出が増えたので、明るい服装で笑顔の写真に方向転換。華やかさUP！

経営とお金の専門家で、快活な性格の石原尚幸さん。ところが写真は「実物のほうが素敵」の典型例でした。自身の魅力を表す写真に変えたところファンが急増！ 現在は、雑誌などのメディア出演や講演依頼が相次いでいます。

写真を更新して、自分らしさが開花したビジネスパーソン3人のBefore／After

Case 3
ファイナンシャルプランナー・
陣野壮太郎さん

ご本人に似ているものの、イラストなので存在感が希薄

愛情深さやセンスが伝わる写真に変更！

Case 4
フリーランス講師・
平手 敦さん

いい人そうではあるけれど、軽くも見えてしまう

セミナー風景を撮影して、知識豊富で熱い人柄を表現

Case 5
撮影スタジオ「アンナフォト」主宰・
石山照実さん

写真を撮られるのが嫌いだった10年前。全体に地味…

ヘアカラーと服色を似合うものに。自信を感じさせる

撮影サンプル集

同じ人物でも「写真の撮り方」でここまで変わる!

選ばれる人の写真の撮り方❶

目線の違い

目線なし、斜め右上

右肩上がりの未来を感じさせる。夢のある印象に

推奨

カメラ目線、正面

これぞ、選ばれる人の写真!堂々とした正面

上目遣い

愛されたい思いや親しみやすさを表現。下の立場にいる印象に

上から目線

強く大きな存在に見える。迫力をつけたいときに

この4点の写真は、すべて同じモデルさん、衣装、ヘアメイク、照明の条件下で撮影したものです。しかし、ちょっとした目線の違いだけで、人物の印象が大きく変わって見えることがわかります。

「選ばれたい」人におすすめなのは、カメラ目線で正面の写真(右上)。顔がはっきり見え、安定感が出ます。胸を張り、撮影してみましょう。

選ばれる人の写真の撮り方❷
ポーズの違い

腕組みポーズ
独自性や、周りに流されない意志の強さを感じさせる

ガッツポーズ
ともに頑張ろう！の意味。やる気や勢いを伝える

しなりポーズ
しなやかさを演出。かなり色っぽいので要注意

小脇に抱えるポーズ
仕事道具を抱え、颯爽と仕事ができるムードに

抱きしめポーズ
仕事道具を抱きしめることであふれる思いを表現

ろくろ回し※（会話）
会話シーンは、情熱や伝えたい思いを感じさせる

※焼き物のろくろを回しているように見えることから、こう呼ぶ

ポーズ（姿勢）でその人の印象が変わるのも、ポートレート写真の面白いところ。自分の「ブランド・キーワード」や、「こういう人だと思われたい」コンセプトを、写真で的確に表現しましょう！

「腕組みポーズ」は意志の強さを感じさせる一方、「拒否」の意味合いも。扱いにくい人に見えないよう要注意。「しなりポーズ」はモデルやタレントでよく使われますが、性的な印象があり、ビジネスには不向きです。

選ばれる人の写真の撮り方❸
服装とヘアメイクの違い

テーラードジャケット＆
ナチュラルメイク
落ち着いてきちんと見えるが、個性は弱い

カラージャケット＆
大ぶりアクセサリー
同じテーラードでも、色を取り入れて強い印象に

華やかリボンブラウス＆
ウェーブヘア
髪とリボンが揺れる、軽やか＆華やかな印象に

Tシャツ＋ジャケット
髪ふんわり
Tシャツは下着がルーツの服。最もカジュアルな印象

襟付きシャツ＋ジャケット
髪しっとり
シャツにジャケットで上質なビジネスカジュアル

三つ揃えのスーツ
髪キッチリ
ネクタイで信頼感。ポケットチーフでアクセントを

同じモデルさんに、服装とヘアメイクだけで変化をつけてみました。自分の「パッケージデザイン」である服装は、活用しなければもったいない！　服装やヘアメイクが違うだけで、話す言葉まで違う印象に聞こえてきます。年齢や実績とともに、服装やヘアメイクをアップデートするのは自然なこと。選ばれる人になるには、今、どんな服を着たらよいか、どんな髪型にすべきかを考えてみましょう。いつもの「適当な格好」からはそろそろ脱却を。

選ばれる人の写真の撮り方❹

背景の違い

スタジオ・白バック

清潔感のある白い背景は人物を際立たせ、表情を明るく見せられる。最もスタンダードなポートレートの撮影方法

街並み背景(ロケ)

自然光で撮影。とても軽やかで爽やかな雰囲気に。「外を飛び回っている人」というアクティブな印象も与えられる

スタジオ・ダーク背景

人物の重みや歴史、格調高いビジネスを表現したいときにおすすめ。背景はグレーのほか濃い茶色、黒などでも同様の効果に

撮影場所や背景の違いで、こんなにも人物の存在感を変えて見せることができます。撮影に特化した場所である「スタジオ」では、白バック(白い背景)のほか、背景を暗くしたり、はたまた色のペーパーをバックにしたりと、多彩な撮影ができます。「ロケ」とは、屋外で、自然の景色や街並みを背景に撮影すること。自分が活動する街やお店、職場の外観を入れると、イキイキした印象が伝わります。

カラーで自分らしさを表現しよう！
色のパワーを活用してブランドを強く伝える色彩心理学

赤
血の色、生命、
情熱、生きる力

オレンジ
朝日、夕陽、熱量、
フルーツの果汁

黄
太陽、光、
明るさ、陽気さ

黄緑
若草色、初々しさ、
軽やかさ

ピンク
愛、ハート、
遊び心、無邪気、
バラ色

エンジ
深み、ワイン色、
エイジング、
歴史

紫
高貴、特別、
神秘、忠誠心、
エレガント

緑
植物、森、自然、
澄んだ空気、
地球

水色
空、晴れ、
爽やか

青
海、空、深み、
誠実さ、信頼

紺
万年筆のインク、
約束、誠実

カーキ
アウトドア、苦難
を乗り越える

黒
影、黒子、暗闇、
必要最小限、
先端的

白
光、純粋、清潔感、
簡潔、何にも染まら
ない、無

ベージュ
オーガニック、
ナチュラル、漂白や
染色なしの天然色

茶
木、根っこ、土、
大地、安定感、
安心感、原始的

色彩には意味がある！

色には特有の意味や特徴があります。また、人間は色に対して感情を抱いたり、配色の影響を受けたりします。このような考え方に基づく学問を、「色彩心理学」と言います。

自分の「ブランド・キーワード」に合う色を「ブランドカラー」として活用すれば、豊かなイメージを与えられるでしょう（188ページ）。ロゴマークや名刺、パンフレット、文房具、SNS、洋服、ネクタイ、アクセサリーなどで取り入れるのがおすすめです。

ただし、色には国ごとの地域性や、宗教的な意味を有する場合もあるので注意が必要です。また、先天的に色の見え方が異なる「色覚障害」のある人が、日本では男性の20人に1人、女性では500人に1人程度、存在します。

色だけでブランドを表現するのではなく、文字や記号（ロゴマーク）などと組み合わせて使うといいでしょう。

4-11

「やらないこと」を決める

ここまで、「違いを出す」ために、やるべきことをひとつずつ整理してきました。

しかし、**「やらないことを決める」**のも、ブランディング上は非常に重要です。

だいたい現代では、何でもかんでも引き受けすぎて苦しくなっている人が多すぎます。やりたくもないことをやって疲れ果てている。周りに気を使いすぎておかしくなっている。自分も周りも「やらないこと」を決める力がなく、思考停止でただ古い慣習に従っている。あれもこれもと欲張って手を出し、結局何もモノにできていない。

こんな、「仕事オバケ」が、うじゃうじゃ湧いているのです。

選ばれたいあなたは、やりたくない仕事は断りましょう。
選ばれるために、断る力を身につけましょう。

やらないことを決めると
やるべきことを大事にできる

具体的には、誰かへの忖度《そんたく》で発生している作業、意味がないのにみんながやっていること。そういうものを見つけたら、自分から断っていきましょう。

やらないことを決めたことがない、仕事を断ったことがないという人も多いでしょう。しかし、最近では、会社の飲み会に「自分は参加しません」と言える世の中になってきました。最初は「えっ!」と言われるかもしれませんが、3回断れば「そういう人ね」と思われます。

大切なのは、ここで**自分にとって有効な代替案を出す**ことです。飲み会を断ることで、仕事仲間とのコミュニケーションが断絶してしまうのは問題なので、代わりに自らランチ会や読書会を開いて交流を図るとか、チャットでメンバー全員に丁寧に挨拶するとか。**自分にとって不要なことを何かひとつそぎ落とし、逆に大事なことをひとつ足せば、自分らしさが太くなります。**

あるワーキングマザーは、「家事が苦手」と嘆いていました。会社で責任を持って仕事をし、子どもやパートナーとの時間も大切にしているなら、苦手なことにこだわる必要はありません。現代は家事支援や中食《なかしょく》の宅配サービス、時短家電などが花盛り。これらをフル活用し、自分の人生の時間を大切なことに充てることにしました。

参考までに、私がブランディング上やめている「マイルール」を紹介しておきます。

・**SNSやブログの投稿には「絵文字」を使わない**
→絵文字にはトレンドがあるため、投稿が古くなりがち。テキストのみで投稿すれば内容が古くなりにくい。文字だけの表現を考え抜く機会になる。

・**付き合いがない企業や個人の批判をしない**
→その企業や人物と、いつか仕事をする可能性があるから。そのときに焦らないように。未来の可能性を減らさないために。

・自分が関わっていないセミナーやイベント、まだ読んでいない本を安易にすすめない。知り合いが主催者や著者というだけで紹介しない

→自分が企画や登壇で関わっているセミナーやイベントと、読んで本当にいいと思った本だけを紹介する。とことん責任を持って紹介をする。

・東京都心以外のコンサルティング案件を引き受けない

→地域経済を回すべきだと思っているため、地方案件は地元の人に紹介する。私は都心を地元とし、そのぶん、地域情報を細かく捉えることに専念する。

「やらないこと」のガイドラインは、**自分のブランド・キーワードに即して考えると**いいでしょう。やらないことをいくつか決めると、空いた時間のぶん、自分らしいやるべきことに時間や労力を投資することができます。

やらないことを決め、得意で大切なことに集中しよう

4-12

自分ならではの「世界観」を磨いて、人生を切り拓こう

「パーソナル・ブランディングのゴール／究極形とは、どんな状態？」

こう聞かれたら、私は次のようにお答えします。**「ブランド・キーワードが確立され、浸透しきってさらに濃厚になった、自分独自の『世界観』が確立された状態」**。

「世界観」は今、カルチャー界で大人気の表現です。文学や音楽などで、その作品が持つ雰囲気や状況設定を世界観と呼びます。例えば「有名マンガの世界観が楽しめるカフェ」ができれば、その世界に浸りたいファンが殺到するし、「ミュージシャンの世界観を共有できる仲間」がいれば、推し活の輪が広がります。そう、**他人が「浸って」「共有（シェア）」できるのが、ブランドの世界観**なのです。

自分の世界観は、自分自身とブランド・キーワードを中心に、大きく外に向かって

設計します。まず名前、会社名・屋号、肩書、プロフィール、ポートレート写真から始まり、自分の姿勢や髪型、服装、話し方、立ち居振る舞い、色、告知ツール（パンフレットやプレゼン資料）、メニュー、発信の言葉、そして出演するメディア、居場所、ステージへ。最終的に自分のいる世界は広く大きくなり、自分を取り巻く人々も増えますが、そこまですべて**意思が通った統一感がある状態**に組み立てていきます。

隅々まで徹底的にこだわり抜いて、ブレないように我が城を作り上げていくさまは、まるでアートのよう。これぞ「世界の中心に自分がいる！」という状態です。

自分一人だけではなく、ブランドを一緒に作る仲間を募りましょう。参加した側は、あなたのワールドの一部になれたことを嬉しく思い、ほかの人にあなたの世界の素敵さを自ら語ってくれるでしょう。これこそ、自分が唯一無二の「選ばれる人」になったと実感し、積み重ねてきた時間に感謝する瞬間です。

選ばれるために

世界観を作り上げ、参加者を募り、共有できるようにしよう

Chapter 5

ステップ❸

発信する【身体編】

強く輝く「自分ブランド」を作るコツ

5-1

第一印象で勝つ「見た目」戦略
シルエットを決める2大ポイント

パーソナル・ブランド構築の最終ステップは、**「発信する」**です。

ステップ❶で周囲に伝えたい「自分らしさ」を見つけ、ステップ❷でライバルとの違いを打ち出し「自分ブランド」を確立しました。続くステップ❸は、自分ブランドを「発信」していきます。発信は、「身体」と「ツール」に分けて考えます。

まず、このChapter 5では自分自身の「身体」について、自分ブランドと一貫性のあるメッセージが打ち出せているかを確認していきます。

人間の心理は、最初に提示された情報に強く影響されます。これを**「初頭効果」**と言います。**初対面のとき、お互いに相手に対して抱く第一印象は、その人のイメージとして長く残り続ける**のです。選ばれる人になるためには、初頭効果に影響する「見た目」や「声」といった身体性を、自分できちんとコントロールする必要があります。

体型と髪型が違うだけで
印象が大きく変わる

ポイント❶「体型」「姿勢」のシルエット設計をブランド戦略に取り込む

人の見た目で、一番比重を占めるのはどこでしょう。目ヂカラ？　お肌の美しさ？　いいえ、最も大きく印象を左右するのは、「体型」と「姿勢」です。

体型なら丸っこい人、ガッシリした人、小柄な人。姿勢なら背筋がピーンと伸びているタイプ、猫背タイプなど、自分の体つきはどのようなものでしょうか。「太りすぎ！」「ガリガリ！」「姿勢が悪い！」など自虐的になるのではなく、自分の見た目を客観的に表現してみましょう。

例えば、私は骨太で比較的がっちりした

体型ですが、ヒールを履いても身長160cm程度。大きい人とはとても言えません。

そこで「中ぐらいのサイズ感で、直線的」、これが私の体型と捉え、その印象を活かして服や写真を選び、活動しています。例えば、前述した顔写真や撮影のポージング、後述する服装などは、自分の直線的な体型を活かしたものを選びます。私がブランド・キーワード（104ページ）で表現したい「スピード感」や「解決力」に、体型がプラスになるよう、方向性を合わせて設計するということです。

一般的に、体つきが大きな人は、包容力がありゆったりとした印象。小柄な人は、アクティブで軽やかな印象に映ることが多いです。**自分が伝えたいブランド・キーワードに即して、体型や姿勢を道具としてうまく活用する**とよいでしょう。

もし、同業者にあなたのような体型の人がいなければ、シルエットから覚えてもらうチャンスでもあります。第一印象でインパクトを与えましょう。

生まれつきの骨格や身長は変えられません。体重や筋肉はコントロールできますが、2〜3kgやせたところで、外から見た印象は大して変わりません。ですから、私たちは、今の自分の骨格や体型を活かしたブランディングを行う必要があるのです。

ポイント❷「髪型」が自分のイメージになる

次に印象を大きく左右するのは「髪型」です。「一番右の席にいたロングヘアの人」「ステージの中央に立っていた、丸刈りの人」という具合に、髪型で人を思い出すことはよくあります。「こう思われたい」印象を、髪型で表現していきましょう。

一般的に、ロングヘアの人は華やかに、ショートヘアの人はアクティブに映ります。前髪を上げ額を出すと爽やかに、丸刈りは無駄がなくストイックな印象になります。

ヘアサロンで「こういう髪型にしたい」と依頼するのは、意外に難しいもの。そういうときは、**「自分がこういう仕事をしていて、こういう人だと思われたい」とか「もっとこういう印象をプラスしたい」と印象を伝える**ことをおすすめします。

毛量や髪質に関することは悩みも多くなりがちですが、**自分の「輪郭《りんかく》」として客観的に把握**しましょう。

選ばれるために

自分のシルエットを認識して丁寧にコントロールしよう

5-2

服装は、自分のパッケージデザイン

最高級の卵とバターと小麦粉を使い、職人が手間ひまかけて作ったクッキーは、どんなパッケージに入っているべきでしょうか。上質で素敵な箱であってほしいですよね。適当なビニール袋に入っていたら、おいしくなさそうな印象を与えます。

人間も同じです。自分を「商品」として捉えたとき、「服装」はパッケージデザインに当たります。あなたが実力派なのであれば、実力派らしい服を着るべきです。あなたが優しい人と思われたいなら、優しそうな服を着るべきなのです。

服装というと急に身構えてしまう人や、苦手意識が強い人、費用がかかるのでは？と懸念する人も多いようです。しかし、ここでは、おしゃれやトレンド、価格の高い安いの話はしません。**「自分にふさわしい服装とは何か」**を考えるのみです。

服装についてうまく考えられない理由は、「周りに合わせているから」です。みんながスーツを着る職場だから、特に深く考えずスーツを着ている。周りの同僚と似たシルエットの服を着ている。目立たない服でいたい。こんなふうに、**イージーに消去法で洋服を選んでいる人は、自分の存在感を自ら薄めているようなもの**です。

私は、ここぞという日はブランドカラーのミント色や、それに合うブルー系統の服を着ることが多いです。定番ではない少し変わったシルエットの服を選び、幾何学模様など不思議な形のアクセサリーを好んで着けます。あえて不安定な印象を作ることで、人の印象に残ろうという作戦です。企業研修の講師をするときも、相手がスーツ族の大企業でも、こちらはスーツを着ないというのが、私のこだわりです。

「外見は一番外側の中身である」。この名言は、雑誌『広告批評』の創刊者、天野《あまの》祐《ゆう》吉《きち》さんが遺したもの。**自分が何を着るべきか、日ごろから考え抜く姿勢が大切です。**

選ばれるために

没個性の洋服選びをやめて自分らしさを服装で表現しよう

5-3

「自分ブランド」にジワジワ効いてくる4つのポイント

前節で、自分のパッケージデザインである服装の方向性が決まったら、仕上げとしておすすめしたいのが次の４つです。

ポイント❶「歯」を白くするとフレッシュな印象になる

顔の中で、**印象に大きく影響するのは「歯」**です。清潔感や爽やかさを増したいとか、自分の笑顔に自信がない、暗さを払拭したいときは、歯の手入れをしましょう。

歯のホワイトニング（美白）は、手軽に清潔感や快活な印象を得られます。メディアに出る人、大企業の社長、外資系企業では、かなりの割合で取り入れています。

もし、笑顔が爽やかだなあと思うお仲間がいたら、「ホワイトニングやってる？　歯医者さん教えて」と、そっと聞いてみてはいかがでしょう。きっと、近所の歯科医院でも多彩なメニューがあることでしょう。

もっと本格的に取り組みたいときは、**歯並びの矯正**です。メディアで見る芸能人や文化人で「急に明るい印象になった。整形したの？」とか「何だか知的で上品な雰囲気になった」と思うような人は、たいてい歯の矯正が終わったところでしょう。

かくいう私も、実は45歳から始めたおよそ2年間の矯正を終えたところです。

近年、顔のアップで配信するオンラインセミナーやＹｏｕＴｕｂｅなど動画出演の機会が増えたため、表情を明るく見せ、口元を見られる恥ずかしさを減らしたいと考えたのです。また「より上質なビジネスをしている人」「明るく清潔感がある人」というイメージも強調したく、思い切って、マウスピースを使った前歯中心の矯正をしました。表情が明るくなったのに加え、歯の裏側も磨きやすくなり、こまめに歯科に通う習慣もついたので、個人的には大正解でした。

ポイント❷「眉毛」は顔の額縁《がくぶち》

自分が周囲からキツく思われてしまう、または、年齢相応の迫力が不足していると感じる場合は、**「眉毛」のコンロトール不足**かもしれません。

「眉毛は、顔の額縁」と言われています。毛量や形状は生まれつきのことが多いですが、メイク用品のアイブロウペンシルで描き足すだけで、印象が簡単に変えられます。今、男性ビジネスパーソンでも、眉毛を描いて出かける人が増えています。ひげ剃りのついでにちょっと描き足すぐらいのもの。自分で眉毛の作り方がよくわからない場合は、ヘアサロンや化粧品売り場の美容部員さんに相談するとよいでしょう。

「信頼されたい人」は信頼に足る上質な眉が、「優しい人だと思われたい」人はふんわりと優しい眉が必要です。これも自分のブランド・キーワードに合わせましょう。

ポイント❸「メイクアップ」や「ヘアカラー」は大きく利用すれば価値あり

例えば「いつも鮮やかな赤いリップの人」は、周囲から一瞬で記憶してもらえることでしょう。一般的なナチュラルメイクではなく、アートとして、メイクの色を大きく利用することができれば、相手に強い印象を与えることができます。アメリカのロックバンドＫＩＳＳは奇抜なフェイスペイントをしたことで差異化に成功しました。

ヘアカラーも同様。髪型に加えて髪色を活かしたら、印象を大きく操作できます。黒色、栗色など地毛の色の特徴を押し出すのもよし。金髪、赤や青の髪に染めたり、白髪（シルバーヘア）を活かすもよし。髪色は覚えられやすいものです。

ポイント❹「持ち物」の積み重ねが自分を作る

あなたが持っている名刺入れ、打ち合わせに使うペン、手元にあるスマホケースや腕時計、大切な情報が入っている手帳やパソコンケース。これらは、プロフェッショナルに見えるものでしょうか？

幼稚な名刺入れ、他社名入りのボールペン、ボロボロのスマホケースは今すぐ破棄して、自分が持つべき持ち物に入れ替えましょう。

人は、意外とあなたの手元を見ています。パワフルな人と思われたいならそういう文房具を。優しい人と思われたいならそういうガジェットを選びましょう。ブランドカラーを設定した人は、持ち物の色を統一するのもおすすめです。

選ばれるために

パーソナル・ブランドに合わせて見た目の印象を整えよう

5-4

ルッキズムとどう闘うか

髪型、服装と見た目をコントロールしていくと、徐々に周囲からの扱われ方が変わります。他者からの承認を求めていく活動は「他者承認」といいます。

しかしながら、一方ではルッキズム（外見至上主義）も社会問題になっています。人を顔の良しあしで判断する、ルッキズム、他人の容姿に口出しするといった、見た目による差別は、社会の不平等な性差別や、人種差別、格差を助長することにもつながります。

そのような中、パーソナル・ブランディングで見た目を扱うポイントは3つあります。

ポイント❶自分の「中身」と「見た目」をセットで表現する

一般消費財で商品とパッケージデザインをセットで印象付けるのと同じで、外見と中身にはバランスが必要です。外見だけを立派に飾ると、見かけ倒しとなります。

ポイント❷自分の見た目の「自己承認」をする

体型や骨格、毛量や体質などは簡単に変えられません。まずは、その「状態」を客観的に把握します。他人と比較して自己評価を下げる必要はありません。

ポイント❸見た目の「状態」を自分の個性として活用する

ルッキズムの典型例が「やせていることを美しいと捉え、太っている人を雑に扱う」ならば、パーソナル・ブランディングの正解は**「やせている自分を活かし、表現する」「太っている自分の形状を、覚えやすいよう印象付ける」**となります。人と違う点を欠点ではなく特徴と捉え、覚えてもらうために利用するタフな心が大正解です。

パーソナル・ブランディングこそが、個性が多様に輝く社会、ダイバーシティ＆インクルージョンな世の中を作るための最高の手段なのです。

選ばれるために

他者承認を求めるだけでなく、自己承認をして、個性を活かそう

5-5

話し方・立ち居振る舞いを上質化する

相手の依頼を断りたいときに、「おととい来やがれ！」と「本日はお引き取りください」ではだいぶ印象が違います。これは極端な例ですが、**話し方が人間のキャラクターに大きな影響を与える**のは事実。

芸能人や文化人、政治家、声優さんなどで、話し方に特徴がある人は多いですよね。むしろ、話し方に特徴を作り、その印象をキープすることで、海千山千の業界を生き抜いているとも言えます。

あなたのブランド・キーワードとあなたの話し方は合っていますか？「いつもの自然な話し方」ではなく、これを戦略と捉え、客観的に確認してみましょう。

立ち居振る舞いも、その人らしさが大きく印象付けられます。立ち座りのときの身のこなしや、人と接するときの態度。そっと動く人、バタバタ大きく動く人、くねくねしている人、背筋がピーンとしている人などさまざまです。

あなたのブランド・キーワードと、あなたの立ち居振る舞いは合致していますか？

話し方と立ち居振る舞いは、現在から「少し未来」の立場に合ったものにすることをおすすめします。つまり、人生で何回かアップデートする必要があるということです。学生時代のままの話し方や、子どものときからのクセのある動きなどは、トレーニングで改め、上質化することができます。

人生のステージを上げるトレーニング

私は過去に3回、話し方と立ち居振る舞いのトレーニングを受けたことがあります。

1回めは27歳。取引先に「態度が生意気」と指摘され、プロジェクトから降ろされてしまったことがあったのです。深く傷つき、ワラにもすがる思いで話し方教室を探し、「とにかく、生意気な話し方を直したい！」と先生に訴えました。

教室で診断していただいたところ、私の話し方は「私は〜↗」「ここで〜↗」とすべての語尾がはね上がっていることがわかりました。そこで、「私は〜です↘」「そこ

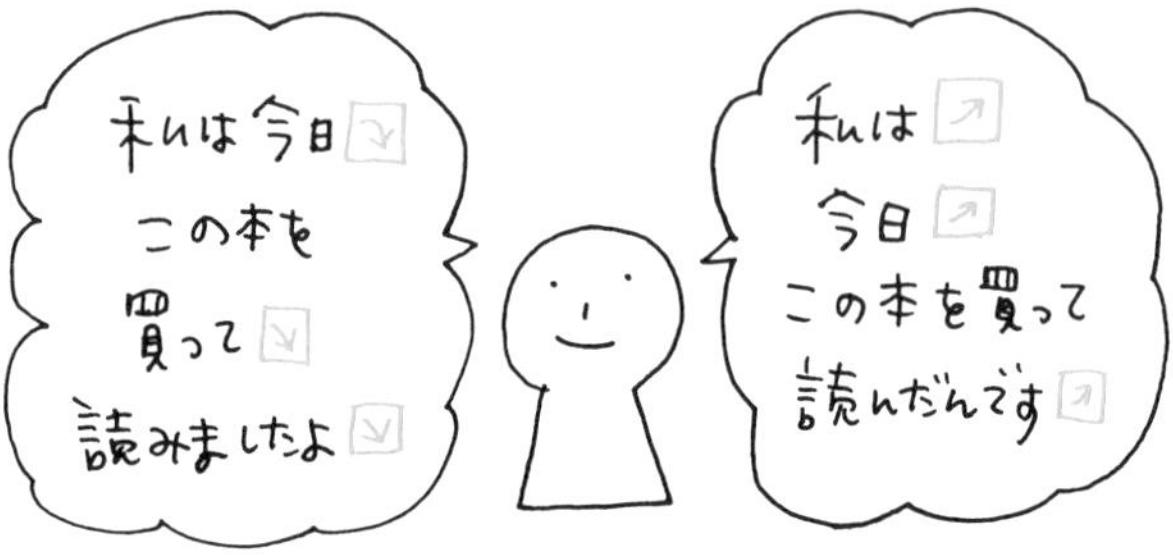

で〜します↘」と、語尾を下げて話すクセをつけることで、生意気な印象を払拭し、落ち着いた印象を作ることができました。

トレーニングの2回めは、35歳、自分がひとつ上のステージに行きたいと思ったときです。自分の立ち居振る舞いがバタバタとしていて子どもっぽいなぁと感じていたので、修正トレーニングに通いました。ジャケットの脱ぎ着、カバンの持ち方、書類の渡し方など、些細と思える動作を積み重ねると、全体がグッと上質になります。こんな基本的なことを知らずに生きてきてしまったのか！　と、ゾッとしました。

3回めのトレーニングは、講師デビューをするときです。それまで会議で発言する程度でしたが、数時間も人前で話をするのは初めて。講師業として適度な重みを感じさせる必要があり、とはいえ偉そうに見えるのは避けたいと思っていました。いくつかの講座に通い、自己紹介から終わりの挨拶までをトレーニングしました。

不本意にも周囲の人から生意気、下品、偉そうといった表現をされたときや、自分でそう感じたとき。また、自分を次のステージに進めたいとき、自信を持ちたいとき、素敵な自分になりたいとき。これが、話し方・立ち居振る舞いを改善するべきタイミングです。**自分のクセに自分で気付くのは難しい**ですが、全国にはたくさんの先生がいて、オンライン講座もあります。気軽に利用してみるといいでしょう。

選ばれるために

話し方と立ち居振る舞いをアップデートしよう

5-6

自己紹介で「フルネーム」を名乗ると、いきなり重要人物になれる

テレビやイベントなどで有名人を見かけたとき、その自己紹介にちょっと耳を澄ましてみてください。タレント、スポーツ選手、文化人、政治家など、メディアに出ている人は、**自己紹介で「フルネーム」を名乗っています**。

私が初めてこれに気付いたのは、広告会社で働いているときでした。CM撮影にお招きした有名な俳優さんが、ヘアメイクを終えて衣装に着替えてスタジオ入りする際、現場スタッフに向けて自分の姓と名をフルネームで名乗り、挨拶していたのです。

私自身が、フルネームで名乗ることを意識したのは、独立してセミナー講師の仕事を始めたときです。ふと、過去に仕事をご一緒した、タレントさんや文化人、すなわち重要人物たちがみんなフルネームで名乗っていたことを思い出しました。

これから自分が、受講生より一段高い壇上に登り、有料の講義をする。信頼の置ける人物として受講生に認めてもらうために、フルネームで名乗ることが必須だと感じたのです。そこで「今日の講師を務めます、守山菜穂子です」と自己紹介しました。

氏名には「姓（ファミリーネーム）」と「名（ファーストネーム）」があり、その組み合わせで自分自身が表現されています。**重要人物になりたければ、唯一無二の自分であるために、この組み合わせを両方伝えなくてはいけません。**姓だけ、名だけでは、自分を半分しか伝えられていないのと同じです。

これから、**人と会うたびに、自分の名前をフルネームで、丁寧に名乗りましょう。**大切な自分の名前が尻すぼまりにならないように、**最後の1音まではっきり発音**します。続けることで確実に、周囲からの扱われ方が変わってきます。

選ばれるために

重要人物になりたければ、フルネームで名乗ろう

5-7

ジェスチャーで存在感をアップさせる

身振り、手振り、しぐさで自分の思いを伝えることを「ジェスチャー」と言います。**ジェスチャーはボディランゲージ（身体言語）の一種で、それ自体がひとつの言葉で**もあります。あなたも、言葉が通じない国に行ったときや、小さい子どもに対し、身振り手振りで意思を伝えたことがあるのではないでしょうか。

言葉での会話に、ジェスチャーを追加すると、思いを強く伝えることができます。これは歌に伴う、ダンスの振り付けのようなものです。あふれる思いをプレゼンしたり、スピーチをしたりするとき、また強い拒否を示すときなどに、手が自然に動き出し、言葉を強化した経験は、誰にでもあるでしょう。

ビジネスシーンにおいて、頻繁にジェスチャーを加える人と、まったくしない人がいます。欧米人は比較的ジェスチャーが大きく、日本では郊外や地方で仕事をしている人のほうがジェスチャーが大きい傾向があります。例えば中小企業の社長さんと、それに対する士業の人、農場、工場、工事現場などで働く人たちは、ジェスチャーをよく使います。欧米もそうですが、多様性がある人々の関係性、かつにぎやかな場所で、自分の意思を間違いなくしっかり伝えるために身につけた方法なのでしょう。

一方、都市部のビジネスパーソン、特に狭くて堅く静かなオフィスに詰め込まれて働いている人ほど、動きが小さくなりがちです。ほとんど自分をキュッと絞っているのではないかと思えるほど脇が締まっていて、文字通り肩身も狭そうです。

会話にジェスチャーを積極的に取り入れましょう。**強調したいときは、ろくろ回しの手の動きを入れる**（**141ページ**）。**何かを止めたいときは、腕ごと手を引く。**

ジェスチャーは、慣れや習慣です。最初は変なポーズになってしまうかもしれませんが、続けるうちに確実に存在感が高まり、大きな人間に見えること間違いなしです。

選ばれるために

自分の意思を強く広く伝えるためにジェスチャーを取り入れよう

5-8

自分をディスカウントしない方法

「最近、いい仕事をしてますね！」と人から褒められたら、あなたはどう答えますか？人から褒《ほ》められるのが恥ずかしい、褒められるのが苦手、という人も結構いますよね。とっさに声をかけられて、動転して、こんな反応をしていないでしょうか。

例えば、「いやいや、とんでもない」「全然、そんなことないですー」という反応。**本人は謙遜《けんそん》したつもりですが、これは「拒否」の構え**です。相手からせっかく贈ってもらった「愛」の言葉を、あなたが受け取っていません。ドッジボールに例えると、投げられたボールを、素早くよけた状態。ボールは、力なく、床へ。

言葉を贈った側は「あれ？『愛』を贈ったのに、受け取ってもらえなかった。スルーされた」と傷つきます。せっかくの心遣いを、残念ですよね。みんな無自覚にこうやって、相手を傷つけたり、傷つけられたりしているのが日常なのです。

褒め言葉の受け取り方

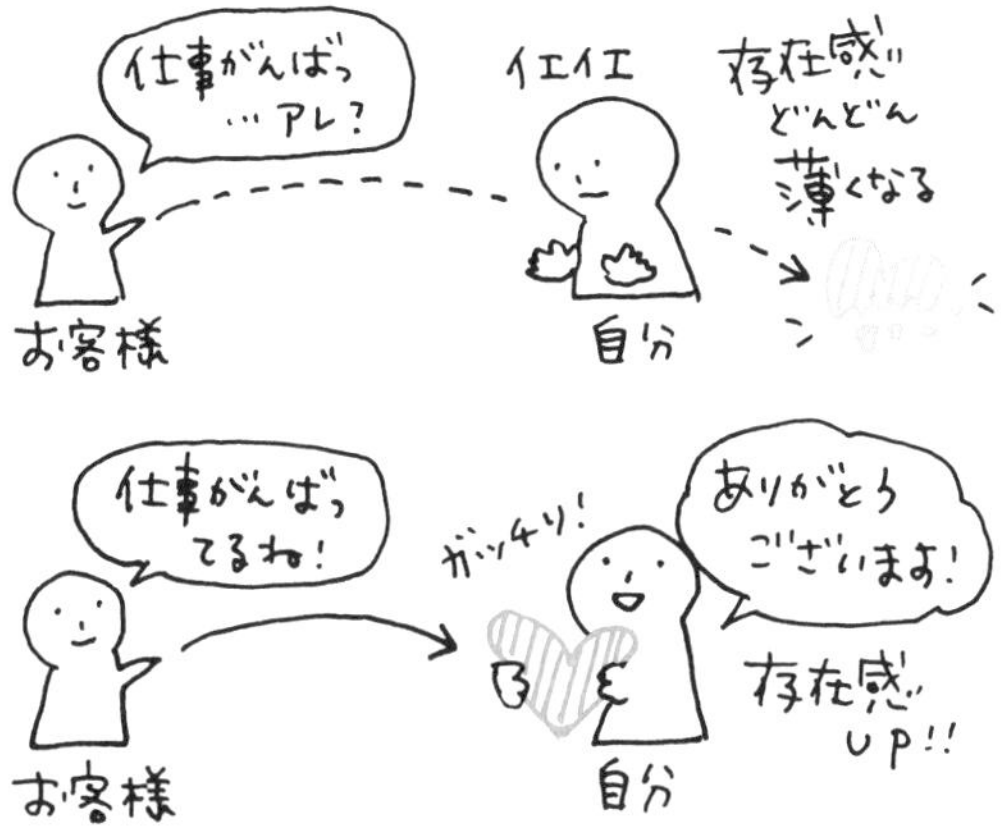

「最近、いい仕事をしてますね！」に対し、こんな返し方をする人もいます。「まあ、ぼちぼちですかね」「うーん、不景気なんですよねえ」。

これは最もひどい返しで、相手からの愛の言葉を茶化してしまっています。

言葉を贈った側からすると、「愛を贈ったのに、受け取ってもらえなかった」。ドッジボールに例えると、投げたボールを取らずに、たたき落とされたみたいな感じ。シラケて、ゲーム終了です。二度と褒められることはないでしょう。

謙遜は、奥ゆかしい日本の美徳ではありますが、選ばれる人になるパーソナル・ブランディングの観点からは好ましくありません。**謙遜しすぎは、自分を安く扱うこと**になります。どうしても謙遜したい場合は、**「恐れ入ります」「もったいないお言葉で」**と答えてはいかがでしょう。相手を立てていることにもなるので、上品です。

では、「最近、いい仕事をしてますね！」という言葉に、選ばれ続ける人はどう答えるべきでしょう？　私が考える模範回答はこれです。

「ほんとですか!?　嬉しいです、ありがとうございます！」

これが、愛のボールを、ガッチリと受け取っている状態。

「○○さんにそう言ってもらえるなんて、また頑張れます」

こんなふうに付け加えたら、お互いに嬉しいもの。

「これからもご指導をよろしくお願いします」「お客様がいつも利用してくださっているおかげです」、ここまで伝えたら、リピーターが増えそうです。

褒め言葉は、自分から受け取りに行く

愛のボール、すなわち褒め言葉は、日常生活で急にこちらに飛んでくることがあり

ます。投げる人も上手に投げてくれるとは限らなくて、半端な体勢から褒め言葉を急に放ってきたりします。だから、どんなときも、自分からきちんと受け取りに行くことが必要です。それが、相手への優しさであり、謙虚ということなのです。

「なぜ自分は、人から選ばれないのか」と思っているあなたは、実は指名の前段階で、軽い前触れとして飛んでくる「褒め言葉」に気付かず、失礼な態度を取っている可能性があります。褒め言葉を上手に受け取れない人は、指名されません。

人からの愛の言葉を大切にし続ける人は、いずれ「自分が大切にされていること」「周囲に必要とされていること」を実感できるようになります。

ここまできたら、自分が確実に選ばれる人に近づいていること、自分の存在感が上がっていることに気付くでしょう。

選ばれるために

「謙遜しすぎ」を今日からやめよう

5-9

好かれるのは「熱量が大きい人」

例えば誰かにコーヒーをいれてもらったとき、日本人の多くは言葉を発せず会釈するか、ニコリともせず「どうも……」とつぶやく程度で終わりがちです。これは、お礼ではなくて、「受け取った合図」でしかありません。

「いただきます」「ありがとうございます」と語尾までハッキリ言える人は意外と少なく、これだけで人に好かれます。人は、喜んでもらえることが好きだからです。

「熱量が大きい人」はさらに上を行きます。彼らは、こんなふうに言うのです。

「うわっ、嬉しい！　ありがとうございます！」

「いい香り。元気が出ます！　いただきます！」

考えてみてください。あなたが丁寧にコーヒーをいれる係だとして、どちらの反応

熱量が大きい人は、存在感がある

が嬉しいでしょうか？

「熱量が大きい人」は、人に好かれ、人気者になれます。その熱で周囲を温め、喜ばせることができます。それを知って、自ら積極的に「熱量を上げて」生きています。

逆に言うと、「熱量が小さい人」はなかなか人気者になれません。

芸能界やマスコミ、エンタテインメント業界には、熱量が大きい人たちが数多く集まっています。人を喜ばせて楽しませ、驚かせ、感動させる。そんな仕事を自ら選んだ人は、熱量の大きさこそが人を笑顔にさせ、縁につながることを知っているのです。

ビジネスや政治の世界でも出世し、成功

する上の層の人たちは、熱量が大きい人が多いです。ただ大企業では、テンションアゲアゲではなく「いつも上機嫌」という、ほどよいテンションの方が多いようです。こういう人はスマートに映ります。

いつもより大きな声で話すと、熱量アップ

ニュースやバラエティ番組の司会で有名なテレビ局のアナウンサーに、話し方の極意を教わったことがあります。**「大事なことは、大きい声で話す」**。これが話し方の基本なのだそう。シンプルですが大切なことだと感じました。

例えば「緊急地震速報です！」、こんな大切なニュースを読むときは、できるだけ気持ちを強く入れて、腹筋から声を出し、声を大きめに張ります。すると、漫然と進んでいたバラエティ番組の中でも、空気がピリッと引き締まるのだそう。

私たちの日常シーンでは、やはり自己紹介のときでしょう。**最も大事な自分の名前と肩書を、「ちょっと大きいかな？」と思うぐらいの声量で、はっきり、ゆっくり、強めに気持ちを入れて声に出してみましょう。これだけで、あなたの存在感が上がる**

こと間違いなしです。

なかなか難しいのですが、これは、ただもう、訓練であり、慣れだけです。


大きな声で話すのも、気合を入れるのにも、エネルギーがいります。そのエネルギーは、あなたの心の中の「発電所」で自家発電します。

熱量を大きく、周りを喜ばせ、嬉しくさせるためのエネルギー。お金はかからない。経験も技術もいらない。ただ、「発電する！」と決めるだけです。

好かれるのは、「賢い人」ではなく、「熱量が大きい人」。自分はもっと人から好かれたいな、と感じたら、意識的に、熱量を上げてみましょう。世界のビジネスシーンでは、この傾向はさらに顕著です。私自身、いつも発電所のような熱量の大きい人でありたい、という決意を込めて、この節を書いています。

選ばれるために

「エネルギーを自家発電する」と決めて周囲を温めよう

5-10

オンライン会議では、画面映えも計算しよう

2020年からのコロナ禍を受けて急速に発達したのが、Zoom や Teams、Google Meet などのオンライン会議システム。業種業態によってはだいぶ慣れたことと思いますが、まだアタフタしてしまう人も多いようです。

オンライン会議では特に胸から上にポイントを置きましょう。パーソナル・ブランディングの観点で設定した「服装」と「髪型」はそのまま踏襲しつつ、髪のセット、襟元、耳や首元のアクセサリー、スカーフ、ネクタイ、ポケットチーフに配慮します。私は表情が華やかに見えるよう、大ぶりのアクセサリーをつけることが多いです。

加えて意識していただきたいのが「背景」です。コロナ禍で露呈してしまったのが、日本の住環境の貧しさ。個性的なインテリアを見せてくれた欧米のビジネスパーソンと比べ、貧相なカーテンや暗い砂壁の前でオンライン会議をしている日本人が、ネガ

ティブな意味で話題になりました。**サービス事業者が提供する美しい背景写真を入れてすべてを隠すのは簡単ですが、そこに独自性やあなたらしさはありません。選ばれる人になるために、背景に映り込む部屋がどうあるべきかを戦略的に考えましょう。**

私は2019年に、海外や遠方のお客様との間で増え始めたオンライン会議に対応するため、自宅のインテリアを強化しました。オンライン会議でも美しく見えるよう**大きな観葉植物をセッティング。ソファに置くクッションの色が画面のアクセントになるようそろえ、照明とカメラも常備**しました。その後コロナ禍がやってきたので急遽、対面から転じたオンラインセミナーも、慌てずに実施することができました。

なお、会社のブランディングの場合は、会社のロゴや色を使い、キャラクターなどを配置した共通の背景画像を作ることもあります。会社視点では一枚岩に見せることができますが、個人としては没個性になってしまうので、一長一短と言えます。

選ばれるために

独自性のある背景でさりげなく世界観を伝えよう

5-11

「直径2m内」が自分自身と心得よ

「自分」とは、どこにあるのでしょう？　「自分とは脳である」と考える人がいます。また、「自分とは心である」と考える人もいます。

私はパーソナル・ブランディングの観点から、**「自分を中心にした直径2m以内が、すべて自分」**だと考えることをおすすめします。

まず自分の頭で考えることや、しゃべる内容はもちろん自分自身ですし、体型や服装、髪型、身につける香りなども自分自身です。また身体を使った立ち居振る舞い、例えば名刺を交換する行為や、握手や資料を手渡すこと、話すときのジェスチャーや、目と口の動きなども「自分」の範疇になります。

また、後ろにも気が抜けません。自分の背中や後ろ側にも自分があります。動きの1歩手前、1歩先という意味で、直径2m内が自分自身という感覚がいいでしょう。

そう考えると、**「相手に伝える」というのは、「直径2m内」から外に出ること**です。言葉は、直径2mより外に伝えないと相手に届きません。誰にも聞き取れないくらいの声で、モゴモゴとお礼やお詫びの言葉を自分の足元に落とす人がいますが、思いや情熱は、直径2mより外に向けないと相手の心に響かないのです。

あるいは、リアルなコミュニケーションを避けて、SNSの世界だけで生きているかのごとく、スマホの画面しか見ていない人もいます。そういう人は、SNSに没頭するあまり、顔も知らない遠くの人に向けた発信には熱心ですが、目の前の人にはまったく思いを伝えていません。非常に残念なことだと思います。

あなたも今日から、思いを伝えるときは直径2mよりも外に向けて、言葉を発するように意識しましょう。

選ばれるために

自分を中心とした「直径2m内」がすべて自分だと考えよう

Chapter 6

ステップ③
発信する【ツール編】

選ばれる人の「自分ブランド」の伝え方

6-1

色彩のエネルギーを「ブランドカラー」として利用する

ここからは、パーソナル・ブランディング3ステップの総仕上げに入っていきます。ステップ❷で確立したブランド・キーワードに基づいて、前チャプターでは「発信」の中の「身体」の見え方をコントロールしました。ここでは**発信の「ツール」**を自分ブランドの観点で整えます。大切なのは、**すべてを徹底的に統一すること**です。

よくある失敗としては、「ウェブサイト作成サービス」のテンプレートを使ってウェブを作り、資料作成ソフト「PowerPoint」のテンプレートを使って資料を作り、「カンタン名刺作成サービス」のテンプレートを使って名刺を作り、知り合いのイラストが描ける人に似顔絵を描いてもらい、「スマホの画像アプリ」を駆使してSNS画像を作り……とやった結果、**すべてがバラバラになってしまった**というパターン。

それぞれのサービスやテンプレートで個別に作成すると、一つひとつはキレイにできるのですが、そろったときに統一感が取れず、チープな印象になってしまいます。

ブランド統一のためには、**ブランドの色（ブランドカラー）**を決めることをおすすめします。色は特有の意味やイメージを持ち、例えば**「赤」は情熱、血の色、生命などを象徴し、「青」なら海、空や誠実さなどを想起させます。**ブランド・キーワードに合うブランドカラーを設定すると、視覚的に強いパワーを発揮します。その色でロゴマークを作成し、告知ツールの色を統一すれば印象がブレません（１４４ページ）。

私は「ミント色」をブランドカラーに設定しています。この色はウェブなら「#4ce4cd」、印刷なら「C35＋Y21」という正確な指定があります。色指定を行うことにより、ウェブ上のあらゆるサービス、各種の印刷、イベント装飾でも、統一感を持たせて自分らしさを表現することができています。

選ばれるために

「こう思われたい」に合わせたブランドカラーを決めよう

6-2

ロゴマーク入りの名刺で、初対面の信用を獲得せよ

多くの会社で「ロゴマーク」を設定していますが、個人のパーソナル・ブランディングでもロゴマークを作ることができます。

ブランド・キーワードや名前、屋号を図案化することで、単なる文字列よりも圧倒的に情報量が多くなり、お客様の記憶に残りやすくなります。ブランド発信ツールとして有益なので、ぜひ自分のロゴマークを作ることをおすすめします。

何より、自分のロゴマークができるのは、とても嬉しく、ワクワクすることなのです。「あっ、自分がブランド化するんだなあ」と、しみじみ実感が湧いてきますよ。

ロゴマークは、**自分の氏名やビジネスネーム、屋号・会社名、作成したブランド・キーワード、ブランド名の意味などをシンボル化**しましょう。**ロゴマーク自体がブラ**

ロゴマークがブランドの
世界観を伝える

ンドの象徴となります。色彩は前節で設定したブランドカラーを使います。

ロゴマークの形については、例えば**円形は「調和」や「循環」**を感じさせ、地球や天体の形にまでイメージが広がります。**四角形は「安定」**を感じさせ、どっしりとした大地、建物の形なども連想させます。

私は会社名「ミント・ブランディング」の名の通り、爽やかさを感じさせる、流れる形状のロゴマークにしました（上図左上）。フォントではなく自分の手書き文字なので、まさに自分自身の表現です。

デザインの可能性は無限にあり、作るのが楽しい半面、決め手が難しく悩む人も多

いようです。昨今、無料アプリや安価なロゴ作成サービスがたくさんありますので、気軽に試してみるといいでしょう。プロのデザイナーに依頼すれば、じっくり相談しながら一緒に考えてもらったり、表現上のアドバイスをもらうことができます。

自分ブランドの名刺に載せるべきことは？

ロゴができたら、**ブランドの告知ツールの基本、名刺**を作りましょう。

近年オンライン会議が増えたとはいえ、商談といえばやはり名刺。**初対面の挨拶で自分のブランド・キーワードを伝えることができたら、いきなり信用を獲得**できます。ブランド・キーワードに合った新しい人脈や紹介も集まってきます。

また、会社で指定の名刺を支給されている人は、個人でもうひとつ名刺を持てば、自分ブランドを広げることができます。

私は会社員時代に、個人の活動に合わせた「2つめの名刺」を作りました。今思えば、それが独立のきっかけだったと言っても過言でありません。今の自分に飽きている人や、大きく動きたい人はぜひ2つめの名刺にチャレンジしてみてください。

名刺には、ロゴマーク、名前とその読み、所属と肩書、住所、電話、メールアドレスやホームページ、SNSなどの連絡先を記載します。ブランド・キーワードやプロフィールを短くまとめて名刺に記載するのもよいでしょう。顔写真を載せている人もいます。色調は、ブランドカラーを中心にデザインします。フォローしてほしいSNSや、ぜひ見てほしいウェブサイトについては、QRコードを載せるのも効果的です。

独立したての人や副業で働く人で、住所を記載していない名刺を持っている人もいます。しかし、**信用は住所に対しても発生**しますので、信頼されたい人は住所を記載することを強くおすすめします。シェアオフィスの住所でも構いません。

安価な名刺作成サービスで、ロゴを入れられるものもありますが、どうしても、色やデザインの自由度は小さくなりがち。**自分らしい唯一無二のデザインをしたい人、悩んで決められなくなってしまう人は、プロのデザイナーに相談するのが安心**です。

選ばれるためにブランドの象徴となり、世界観を伝える自分だけのロゴ入り名刺を作ろう

6-3

ネット上に拠点となる「家《ホーム》」をつくる

あなたが毎日「自宅」に戻ってくるように、インターネット上にも「家《ホーム》」となるホームページが必要です。**ブランド・キーワードを掲出し、自分が提供する商品やサービスをすべて集結させた、ブランドの拠点となる場所**です。

お客様の側からすると、ホームページを見れば「あなたがどういう人か」がわかり、あなたが提供している商品やサービスすべてが一覧できる状態が理想です。

インターネット社会とリアル社会はパラレル（並行）に構築されており、どちらかの世界だけで活動していると、もう一方の世界で存在感がなくなってしまいます。

私自身は、この20年間で世界が倍になったような感覚さえあります。両方の世界で活動を維持するのは大変なのですが、リアル社会からも、ネット社会からも選ばれる可能性があると思うと、どちらも粗末にできません。

インターネット社会とリアル社会はパラレル

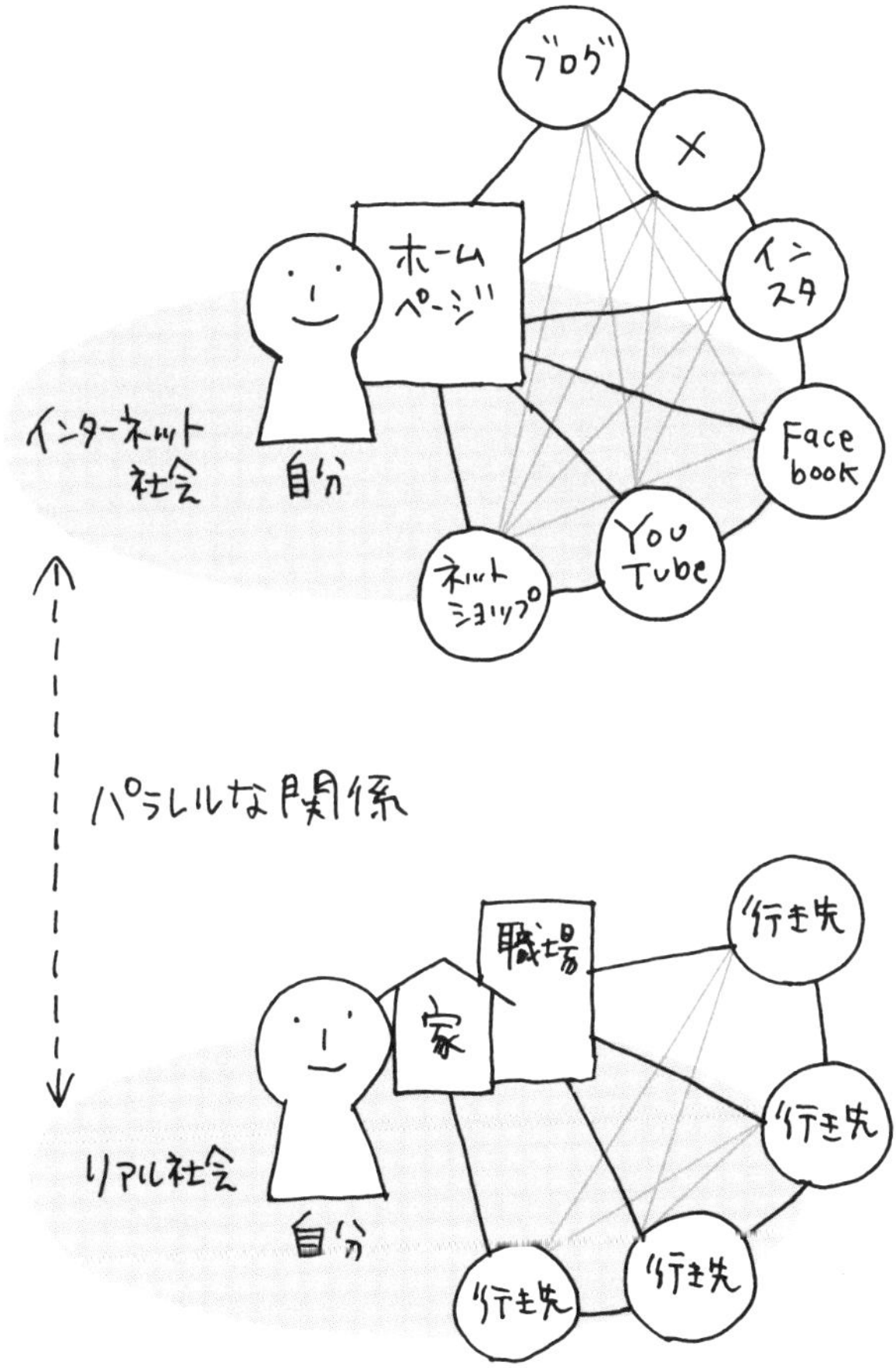

自分でドメインを選んで決められる「独自ドメイン」を取得すれば、そこがネット上の自分の本籍地になります。

私は個人名で「naoko-moriyama.com」、株式会社ミント・ブランディングの法人名で「mint.co.jp」と、２つの独自ドメインを取得しています。

前ページの図のように、「家」であるホームページを中心に据え、そこからブログ、各種ＳＮＳ、ＹｏｕＴｕｂｅ、ネットショップなどのサービスに枝がもれなく伸びる構造を設計します。

会社員や、副業を始めたばかりの人は、ホームページではなく、ブログやＳＮＳをネット上の「家」に設定しても問題ありません。

この場合も**「拠点」となるような、中心の場所をまず決める**とよいでしょう。

例えばＳＮＳの中でも「Instagram（インスタ）」を拠点にして、そこからＸ《エックス》（旧ツイッター）やFacebookなど、他のＳＮＳに枝が伸びる構造にする、と決めておくのです。あれこれと適当に手を出した挙げ句、すべてがバラバラになるという惨事を防げます。

ネット上にどんな「家《ホーム》」をつくるべきか

ホームページは、家に例えると一戸建てのような存在。シンプルな1ページものから複数ページまで、コンテンツの数や量も自由自在です。動画、問い合わせフォーム、ネットショップも組み込めます。自由に作れるぶん、制作費用もピンキリです。

ブログやＹｏｕＴｕｂｅは、記事を積み重ね、蓄えていく**「ストック型」**で、コンテンツ倉庫のような存在。コンテンツを複層にして自分を表現したい人に向いています。記事を書いたら、ＳＮＳに投稿することで、人目に付き、読まれやすくなります。

ＸやインスタなどのＳＮＳは多くの人が入り乱れ、情報がどんどん流れていく**「フロー型」**。ショッピングモールのような存在で常に刺激があり、流行もどんどん変わります。賑やかな場所なので、交流の場として活用することをおすすめします。

自分の家はどんな場所であるべきか、ブランド・キーワードに即して考えましょう。

選ばれるために

ネット上の「家」として、ホームページやブログ、ＳＮＳを使おう

6-4

「印刷物」で自分ブランドに迫力と重みを与えよう

インターネット上の「家」が設定できたら、次はリアル社会用の告知ツールも作成しましょう。具体的には、**事業や活動を紹介する「パンフレット」、商品・サービスが一覧になっている「カタログ」、1枚ものの「フライヤー（チラシ）」といった印刷物**です。PowerPointで作成した案内資料なども、これに該当します。

最近はネット上だけで、軽やかに商売をしている方も多いですが、私はあえて、パーソナル・ブランディングとして**印刷物の導入をおすすめ**したいと思います。

というのも、前述（194ページ）したように、ネット社会とリアル社会はパラレルな関係で、告知ツールも両方の社会に対応する必要があるからです。

私は今でも、手に取れる印刷物の重みや迫力は格別なものだと感じています。そし

印刷物は、ブランドを五感で伝えられるツール

目からも
鼻からも
手からも
ブランドが伝わる…！

て、印刷物を単なる「コスト」と捉える風潮にはまったく懐疑的です。

　人間の触覚というのはものすごく繊細で、触ったものからその性質をつかみ取ることができます。**視覚だけでなく、触覚や嗅覚などからもブランドを伝えることができる、五感を使ったブランド提供に近づくことができるのが印刷物**なのです。

　そのひとつの根拠として、高級ブランドや老舗企業などブランド作りのお手本とされる企業では、今でも印刷物をブランドツールの中心に据え、非常に大切しています。

　パーソナル・ブランドでも、印刷物があると存在感や説得力が増し、リアル社会での仕事の紹介によい影響を与えます。

パンフレットには名刺に記載したのと同じ情報に加え、自分が販売している商品やサービス、イベントなどの「メニュー」を掲載します。

「売り上げが上がらない」と悩んでいるけれど、傍《はた》から見ると、購入できる商品・サービスが見えない、何を売っているかわからない、どうやって買ったらよいかも見当がつかない、という場合がよくあります。

ブランド・キーワードに即した商品やサービスを作り、正しく告知しましょう。

こんなとき、お客様はあなたの商品・サービスを購入できない

あるダンサーは、毎回のレッスンの集客に苦労していました。世界中の大型イベントやメインステージに招かれるような一流のダンサーであるにもかかわらず、自分が主宰するダンスレッスンには、なかなか生徒が集まらないのです。

レッスンに来た生徒さんの満足度はとても高いし、自分も教えるのが好きなのに、なぜレッスンが売れないのか。私は不思議に思っていました。

お話を聞くうち、ステージで彼女のダンスを見た方が、そもそも「レッスンをやっていることを知らない」ことが原因なのでは、という仮説を立てました。

購入できる商品やサービスを載せたパンフレットをいつも持ち歩こう

彼女は、ステージ上で自分から「レッスンを受けに来てください」と言うのは、崇高なステージの雰囲気が壊れてしまうのではと、心配していました。ステージ後に観客とレッスンの話をするのも、急に営業っぽくなるようで気乗りしなかったのです。

そこで私は、彼女にフライヤーを作ることを提案しました。表に彼女が踊っている美しいダンスシーンの写真。裏面にはレッスンの内容と場所を載せて、詳細・申し込みはホームページへ、という一文とともにQRコードを掲載しました。

このフライヤーをたくさん印刷し、イベントの主催者に渡して、来場客への配布を相談したところ、主催者は喜んで協力してくれることになりました。

その後は集客に不安を覚えることなく、踊りに集中できるようになりました。

あなたも印刷物に主要な商品・サービスと料金を掲載して、いつでも持ち歩くようにしましょう。「私、こういう仕事をしているんです」とお渡しすれば、上品です。

6-5

「イベント」の熱量を自分ブランドに取り入れる

コロナ禍以降、久しぶりに人と会って改めて、「人に会うっていいな」「直接会うと、相手の思いや情感が伝わるな」――あなたもそう感じたのではないでしょうか。

コンサートやライブ、スポーツの試合観戦、専門家の講演会などに参加し、憧れの人の熱量や、その場の熱気に驚いた人もいるでしょう。

実際、人の持つ熱量を直接伝える手段として、イベントは格好のツールとなります。

あなたも、自分のブランドを伝えるために、ぜひイベントを活用してみましょう。

人が集まることなので、気を遣うなどの大変な部分もありますが、イベントが成功すれば、あなたというブランドを参加者に強く印象付けることができます。

イベントでは、参加者の間で主催者である「あなた」が自然と話題に上り、よいウワサ話が広がるきっかけとなります。イベントのハブ（中心、中核）になっている人は長く記憶されやすく、参加者からすると「○○さんのイベントで新しい取引先に出会えた」などよい印象が残るので、自分の重みが増すことになります。

選ばれるために

人の記憶に残るイベントを作ろう

例えば「読書会」や「勉強会」。話題の本を一冊決めて、参加者同士で感想を語り合ったり、知り合いの専門家や講師を招いて学びの会を主催したりするのもよいでしょう。学びの仲間が集まり交流することで、知の中心に自分がいる状況を作れます。

ほかにも、人と人との出会いをセッティングする「交流会」や「ネットワーキング会」では、自分が担当する複数社のお客様を招待して、紹介し合うことができます。

自分自身が講師となって「セミナー」や「講座」を主催すれば、専門性を伝え、人を育成することができます。受講生から「先生」と呼ばれる存在になれるのです。

なお、オンラインイベントには、移動や会場のコストがかからず、参加しやすいというメリットがあります。予算や内容に合わせて使い分けましょう。

6-6

「ブログ」で意思や専門性を表現する

SNS全盛の昨今においても、「ストック型」のブログは変わらず鉄板の存在です。ブログサービスには老舗の「アメーバブログ（アメブロ）」や「はてなブログ」、また新興の「note（ノート）」などがあります。ブログには記事を投稿する機能だけでなく、記事の中にSNS投稿や動画を埋め込む機能、記事の途中から課金するシステム、月額会費の集金システム（サブスク）など、多彩な機能が導入されています。

ブログの存在意義は、**文字数にとらわれずに、自分の思いを語ることができ、それが資産としてストックされる**点。ブランド・キーワードに即して、「こういうことが得意」と自分の専門性を深く解説したり、「このように生きていきたい」「こういう社会を作りたい」と、自分の意思を表現したりするには、本当によいツールです。

ブログは**記事ジャンルの設定、「タグ」や「カテゴリ」の設計**が非常に重要です。

ブログは、自分の思いが
ストックされて資産になる場所

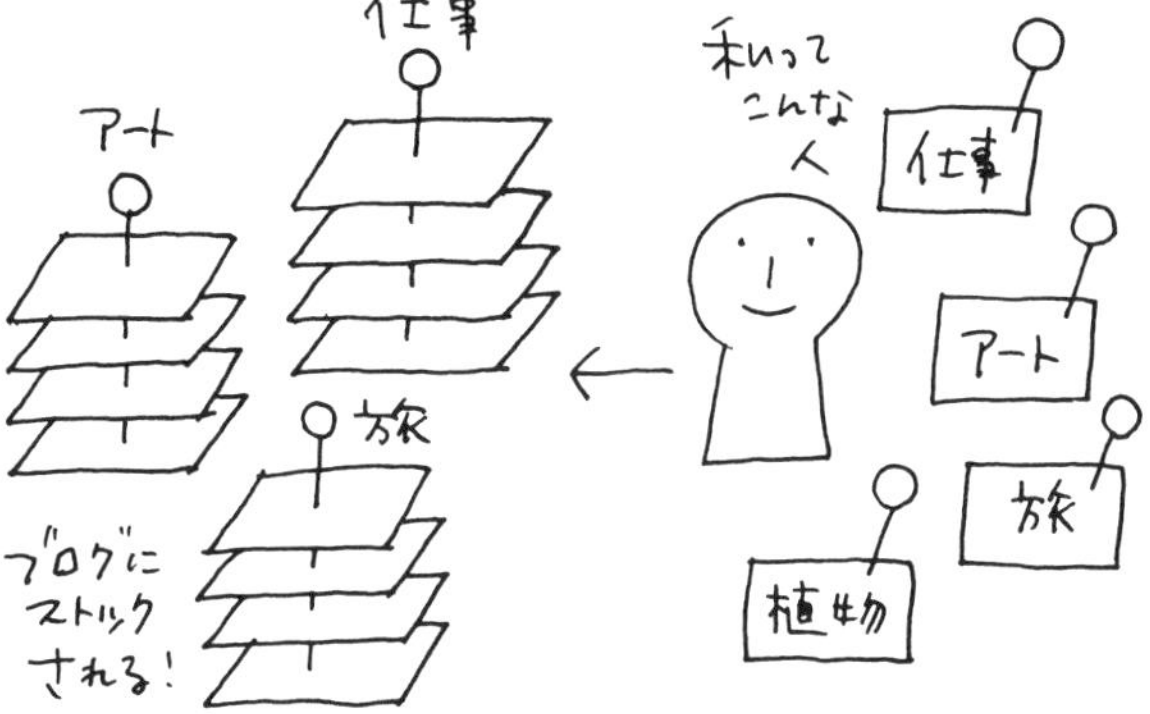

最低10項目ぐらい、何を書くか決めてタグを付けておくとよいでしょう。よくないのは、「日々のこと」「雑感」といった、その場しのぎの適当なタグを付けることです。

私の場合、ブログのタグは、業務に寄せた「最新ニュース」「メディア出演」「セミナー・イベント登壇」。ライフスタイル系の「幸せな生き方」「至福のアート&デザイン」「旅は人生」など。このタグを見ただけで私の好みが伝わるとしたら、パーソナル・ブランディングとして成功です。

私のブログは開設8年を超えました。「幸せな生き方」というタグを使うことが一番多く、そういう思いを語りたかったんだな、と自分を振り返っています。

タグは、ブログを開設してなるべく早い段階で整理しておくことをおすすめします。すでにブログをお持ちで50本も記事を投稿していたら、タグの整理は半日がかりの仕事になるかもしれませんが、**執筆の効果が倍増するので今すぐやってください**。

ブログの写真やイラストについては、私はすべて自分で作成したオリジナル素材を使っています。なぜなら、世の中に無料の「フリー素材」を使った記事が多すぎて、みんな似たような見た目になり、個性が失われていると感じるからです。

手元のスマホで写真を撮って、アプリでちょっと加工するだけで十分。バナー的な文字が入ったものは、使い慣れている「PowerPoint」で私は作成しますが、パソコンやスマホで簡単にバナーが作れるグラフィックデザインツール「Canva《キャンバ》」も人気です。

ブログをやめないで！

「昔はブログを頑張っていたけど、最近はSNSばかり。ブログをすっかり放置している」という人はいませんか？　ブログのタイトルやテーマと、今の自分の仕事が合っていない。環境が変わりうまく書けなくなってしまった。そんなあなたに、お願いがあります。

選ばれるために

ブログに書いたコンテンツを自分の資産にしよう

ブログをやめないでください。

ブログは長期視点、ストック型のツールです。長い時間をかけてコンテンツが蓄積されることで、資産となります。取得したドメイン（URL）が古いと、ネット検索で上位にあがりやすいので、**新たにブログを立ち上げるより効果が高い**のです。見つけてもらう、選ばれる上で、古くから開設しているブログは価値があります。

生活スタイルが変わったときに住宅をリノベーションするがごとく、**ブログも模様替えをして大丈夫。タイトルや方向性を修正しましょう。**たとえ数年ぶりでも、更新すればそのブログは「更新されている」ことになります。久しぶりの投稿には、この数年間で何が変わったのか、今は何を考えてどこを目指しているか、率直に書いてみましょう。ブログに「こう書かねばならない」はありません。

自由に、でも20年続けるつもりでやってみませんか？　私もコツコツ投稿します。

6-7

SNSで「いいね!」をもらう人がやっていること

この十数年間で世界中の人が虜《とりこ》になってしまったSNS。好きな人と気軽につながることができて楽しい半面、その情報量に疲れ切っている人も増えているようです。

私は2010年から、当時まだ英語バージョンしかなかったツイッター(現X《エックス》)を開始して以来、基本的にSNS活用派です。現在は複数のSNSを使い、自分で投稿をして、人の投稿もほぼ毎日見ています。情報の検索に使うこともあります。SNS経由で新規やリピートの依頼が来ることもよくあり、仕事にも好影響があると感じます。

ただ、**「選ばれる人になるためのブランディング」という意味では、SNSは活用しているものの、さほど過信もしていません。**

「SNSとはほどほどに付き合い、ブランディングのツールとして適度に使う」のが、大人のSNS活用術としてはおすすめです。

自分の外側にあることではなく、
内側のことを書く

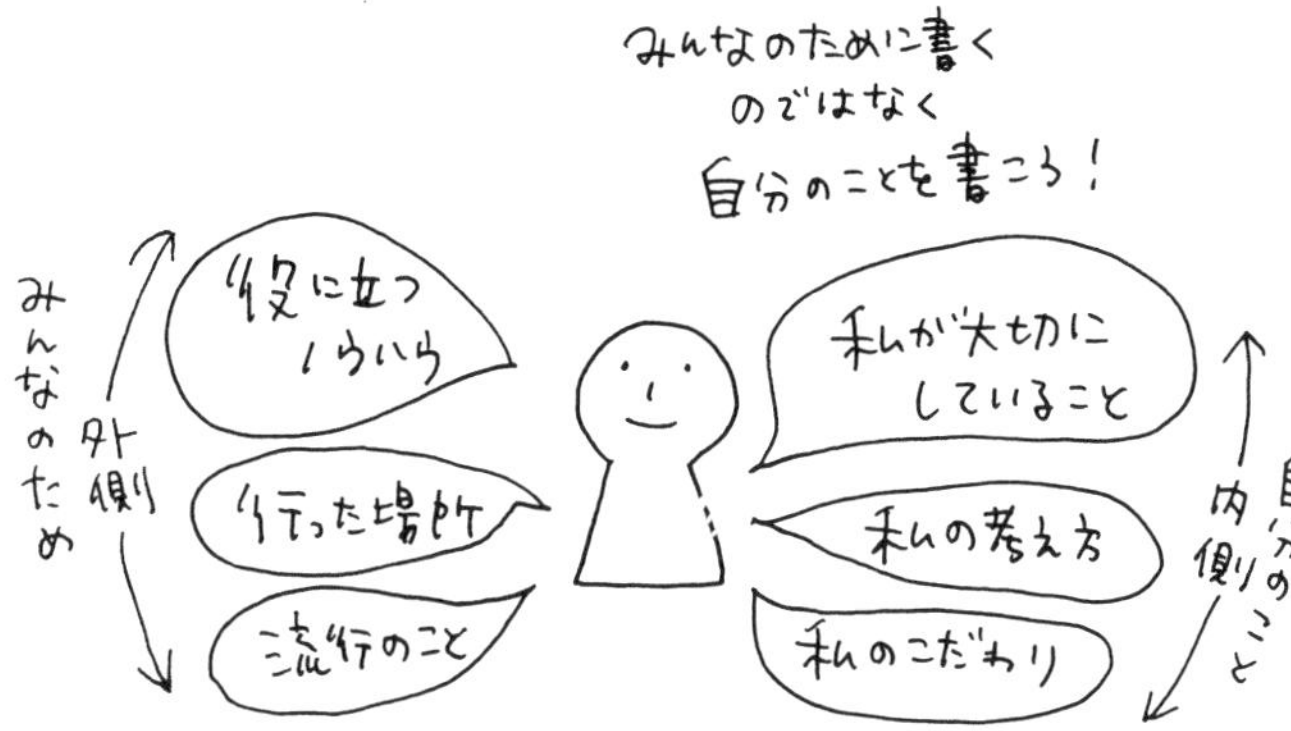

人柄を伝える、I《アイ》メッセージの効用

SNSは**「投稿を見せるのではなく、自分の人柄を伝えるツール」**と捉えましょう。

例えば、自分はどういうことが好きで、何にこだわっているのか。仕事をどんなふうに大切にしているのか。ニュースをどのように解釈するのか、未来をどう捉えているのか。自分の内側にある価値観が、SNSという道具を通じて、周囲に長期的に伝わることを目的にします。

そこでは、**「I《アイ》メッセージ」**という表現方式を多用します。**「私はこう思う」**とか**「私はこれを大事にしています」**と、主語のI（私）を明確にして投稿する方法です。

結果的にそのような投稿は、友人知人か

ら応援や信頼の意味で「いいね！」をもらうことが多く、まだ会ったことがないフォロワーとのエンゲージメント（関係性）も高めることができます。**「人柄が伝わるから、信頼して仕事をお願いできる」「紹介しやすい」といった状態を作る、長期的なブランディングへの投資**になります。

SNSでフォロワーを増やしたい、バズりたい！

始めたからには、とにかくフォロワーを増やしたい、と考える人もいるでしょう。そこで「みんな」が好きそうなことを始める人がいます。「Xで『みんな』が好みそうなノウハウを毎日投稿しよう」「インスタで『みんな』が憧れる素敵なカフェを紹介したい」。日増しに、外側へ、外側へと意識が向かっていきます。

そこからはあっという間に「いいね！」の数を競う消耗戦に突入。他人と自分を比べて、「いいね！」欲しさに生活を切り売りするような事態を引き起こします。

「バズりたい」と願う人も多いですが、バズりは正直なところ予測できず、偶然の産物でしかありません。私は過去に、「万バズ」と呼ばれる、自分の投稿が1万件以上拡散された経験があり、その内容はテレビのニュースでも紹介されました。

しかし、普段から心がけている「自分の人柄を伝える」「自分視点で書く」の投稿が、たまたま影響力のある人やメディアに取り上げられたというだけのことです。
万バズは、決して最初から狙って出せるものではないのです。

SNSサービスは、社会インフラ化しているとはいえ、すべて民間企業が運営しているもの。あるとき方針が変更され、今まで「よい」とされていたものが「よくない」に分類されるリスクが常にあります。また、今が人気絶頂のSNSでも、今後、衰退していく可能性は十分にあります。**「SNSがないと商売が成り立たない」という感覚は、一企業に自分の命運を委ねているようなもので、非常に高リスク**です。
SNSが、自分の影響力を拡張するよい「道具」であることは間違いありませんが、過度に肩入れせず、うまく付き合うことをおすすめします。

選ばれるために

SNSはバズを狙わず、Iメッセージで発信しよう

4-8

「YouTube」を最強の発信ツールとして活用する

パーソナル・ブランドの発信ツールとして、今、最も強いのは、「YouTube」です。20年前、わずか15秒のテレビCM1本を制作し、放送するのに、何千万円もかけていたことを知る広告会社出身の私からすると、スマホひとつで手軽に動画が撮影・編集できてしまう今日の状況は、隔世の感があります。

ちなみにYouは「あなた」、Tubeは「(テレビの)ブラウン管」という意味だそう。文字通り、人類は**自分の番組を無料で世界に発信できるツールを手に入れた**のです。これを、活用しない手はありません。

YouTubeというと、すでに活躍している人気YouTuberのように、面白おかしい番組を作らなくては、と思うかもしれませんが、そんなことはありません。

ここではブランディングツールとしての、動画の活用方法を紹介します。

動画コンテンツの特性は、「動き」と「音声」が伝えられることです。

そこで、まずはあなたが動き、話している姿を発信しましょう。

例えば建設関係、農業・工業系、医療福祉、研修業、クリエイティブ、スポーツ関係など、**仕事に身体的な動きがある人は、働いている姿を撮影**するのです。

現場の風景は、映像業界の専門用語で「シズル感がある」などと呼びます。現代的に言い換えれば「エモい」、すなわち「ワクワクし感動する」もの。自分にとっては見慣れた毎日の風景でも、視聴者にとっては信頼できる存在感となって伝わります。

営業や広報、特定ジャンルの専門家など、**話すことを仕事にしている人は、自分が話している姿を音声付きで撮影**しましょう。自分の仕事内容について、仲間にインタビューをしてもらい、撮影するのもOKです。映像は、**専門知識などの機能的価値を伝えるだけでなく、情緒的価値である「人柄」を伝える上でも、よい道具**となります。

シズル感のある動画で、自分の「機能的価値」と「情緒的価値」を伝えよう

選ばれるために

6-9

「ビジネスチャット」の言葉遣いにも「自分ブランド」を投影させる

ビジネスチャットの導入が盛んです。先のコロナ禍を機に、リモートワーク用に導入した企業が多く、Slack、Chatwork、Microsoft Teams、Google Workspace、LINE WORKSなどサービス企業は多数ありますが、機能はほぼ同じです。

ビジネスチャットでは、「お世話になっています」「よろしくお願いいたします」などの定型文や前置きの挨拶は省き、**本題だけをやりとりするのが一般的。テンポよくスピーディに返信することが、スピード向上や効率アップに貢献する**からです。つまり、形式的な挨拶を抜きに、自分らしさを端的に伝えられるツールとも考えられます。

しかし、まだ新しいツールなので、そこでの言葉遣いや、関係性構築に悩まれる人も多いようです。急いで返信することに慌ててしまい、言葉が雑になってしまう人。

逆に、文章でニュアンスを伝えることに必死で、長々と書いてしまう人もいます。

私がおすすめしたいのは、**自分のブランド・キーワードに即して、チャット上のマイルールをあらかじめ設定しておく**ことです。

例えば私の場合は、次のようなルールを設けています。「チャット上はすべて適度な敬語を使う」「です・ます調で投稿」「取引先、先輩、スタッフなど誰に対しても同じ言葉を使う」『〜でございます』『申し上げます』など過度なへりくだりの言葉は使わない」「自分らしいスタンプを2〜3種類決めて、誰に対してもそれを押す」などです。爽やかで、スピーディ&スマートな印象を残すよう心がけています。

自分のブランド・キーワードに即して、「熱い人柄」と思われたいならそのような言葉を、「丁寧な人」と思われたいならそういう言葉を選び、あらかじめ準備しておきましょう。顔が見えない現代の職場では、**チャットの言葉遣いとスタンプ選びで人柄を伝える努力をする**必要があるのです。

選ばれるために

自分が発する言葉一つひとつに、「自分ブランド」を宿そう

Chapter 7

選ばれる人の「メディア戦略」

7-1

ズバリ、有名人になる方法

「有名人になりたい」。パーソナル・ブランディングのセミナーや個別相談でよく出る話題です。しかし、有名人になりたいだけでは解像度が低く、目標に到達できません。どんなタイプの「有名人」をイメージしているのか、一緒に考えてみましょう。

影響力を増したい！

自分の発言を重用されたり、自分のSNSがいろんなところで引用されたりするなど、言葉の影響力を増したい、という人はたくさんいます。「会社の中で影響力を増したい」とか、「社外での影響力を獲得したい」という人もいれば、「異性にモテたい」「人気者になってチヤホヤされたい」という人もいます。

長野県諏訪市の言語聴覚士・原哲也《はらてつや》さんは、発達障害児とその家族を元気にする活

「有名になりたい」の解像度を上げる

動を精力的に行っています。彼はいつも「どんどん自分の影響力を増したい」「もっと影響力が欲しい」とおっしゃいます。

　原さんの活動が全国に広まることで、不安で悲しむ家族が減り、元気な人が増えるのですから、私も全力で応援しています。

　まずは、**どこで、どのような影響力を増したいのか、なぜ影響力を増したいのか、**手元のノートに書き出してみましょう。

　影響力を増すことは、すなわち信用を増すことです。本書で紹介しているパーソナル・ブランドを構築する活動を重ねていけば、その目標に近づけるはず。絶大な信頼を得たとき、かなりの影響力を持っていることでしょう。

認知度を上げたい！

「とにかく、たくさんの人に知られたい」「認知度を上げたい」という人もいます。

では、あなたは**何のために、誰に、どのくらい知られたいのでしょうか。**

日本全国、約1億2000万の人に、まんべんなく知られたいのでしょうか。それとも、業界で認知度を上げたいとか、ライバルより先に思い出されるようになりたいのでしょうか？

後者の場合、**業界の人がよく読んでいるメディアに出る**のが現実的です。展示会やイベントを開催し、業界の人を招待することもできます。

「認知度」というぼんやりした言葉に惑わされず、どこでどのくらいの認知度を獲得したいのかを具体的に考えてみることで、次にやることが見えてくるはずです。

好感度を上げたい！

有名だからといって、好感度が高いとは限りません。また好感度が高いけれど無名の人もたくさんいます。「好感度を上げたい」といっても、日本の全国民から好感度を得ることはできないので、**一体誰から、どのように好かれたいのか**を考えましょう。

意外と「会社のあの人に好かれたい」とか、「同僚に見直されたい」というような小さな望みなのかもしれません。

メディアに出たい！

有名なテレビ番組や、新聞、雑誌など、「メディアに出たい」という声もよく聞きます。「出演者と一緒に並びたい」「あのセットの前に座ってみたい」とか、「新聞や雑誌に自分の名前が載ったら嬉しい」というのは、誰もが持つミーハー心です。

メディアの出演者は、基本的に「メディアに出たい人」ばかりです。私はメディア業界に14年間勤めていましたが、「出たい人」を撮影し、取材するのが基本でした。「出たくない人」に無理やり声をかけて口説くような、面倒なことはあまりしません。

メディアに出る方法は、大きく2つあります。ひとつは、タレントやモデル、お笑い芸人、俳優といった、**芸能活動をメインとした職業、または副業に就く**ことです。

小説家・脚本家の佐伯紅緒《さえきべにお》さんは、すでに執筆実績が多数あるにもかかわらず、「いつか映画に出る側になってみたい」という思いがありました。40代後半から演劇学校に通い始め、50歳で俳優デビュー。大好きな映画や舞台に何本も出演しています。

ベテラン編集者の西澤潤《にしざわじゅん》さんは、会社の定年前に声優養成所に通い始め、60歳で夢だった声優としてデビュー。定年後に声優事務所に所属し、現在は海外ドラマやアニメの声優、ナレーターとして活躍し、自称「老け声の新人」として重宝されています。

世の中にはたくさんのオーディションや、芸能スクールがあります。2人とも「10代、20代の若者と一緒に学校に通うのは、最初は気恥ずかしさもあった」とおっしゃっていましたが、年齢相応の理解力や奥深さ、礼儀正しさを発揮して、また努力も惜しまず、今ではすっかり「メディアに出る人」になっています。

メディアに出るもうひとつの方法は、**専門家、有識者、文化人として、番組や雑誌から出演依頼をされる**ことです。具体的には、ウェブ上に自分のホームページを開設し、プロフィールとポートレート写真を掲載。自身の実績や専門性を記事や動画にまとめておきます。

さらにメディアに対して「プレスリリース」を発行します(232ページ)。**まずは業界誌や業界新聞、ローカルメディアで実績を積み、全国メディアに挑戦**します。

賞を受賞したい！

「賞を受賞したい」という人は、公募企画にどんどん応募していくのがおすすめです。すでに**たくさんの賞を受賞していることが、次の賞の呼び水になる**こともあります。

お金を稼ぎたい！

「有名人になりたい」と「お金を稼ぎたい」がごっちゃになっている人は多いようです。有名人だからといってお金を稼げるとは限らず、お金持ちで無名な人もたくさんいます。**知名度と年収は、まったく比例していません。**

お金を稼ぎたい場合、取り組むべきはマーケティングです。顧客をよく研究し、独自性のある商品やサービスを開発し、売れる仕組みを整える。確立されたセオリーを学びながら、ビジネスそのものに真剣に取り組むことが第一です。

選ばれるために

どのように有名になりたいのか、具体的にイメージしよう

1-2

専門家、有識者、文化人として「テレビに出たい！」

前述したように、テレビ番組に出たい人は、まずはウェブ上に自分のホームページを開設することから始めましょう。**ウェブ上に名前も顔も出ていない人に、有名メディアからお声がかかることはまずありません。**

プロフィールは、年齢とできるだけ正確な経歴が載ったものを作成します。本を書くことや、業界団体の役員を務める、大学講師などの信用度の高い肩書を持つこともプラスになります。**経歴がわからない人をキャスティングすることはメディア側にリスクが伴うため、基本的には経歴ができるだけクリアな人を採用します。**

特にテレビは、放送波を扱う国の認可事業で、報道機関としての信頼が第一。メディア業界では今までに経歴詐称の人を出演させて大炎上、現場が大混乱した経緯もあ

テレビは、画面バランスを考えて
キャスティングしている

り、現在はコンプライアンスの側面から、経歴がしっかりした人をキャスティングすることを優先しています。

ウェブには、**自分の顔と全身の写真、動画をたくさん掲出**しておきましょう。

制作サイドは、出演者の年齢と、全身の体型や身長を知りたがります。理由は**複数の人が並んでカメラに収まったとき、バランスよくなるようキャスティング**しているからです。例えば、画面にスーツの中年男性ばかりが何人も出ている番組は、滅多にないですよね。視聴者を飽きさせず、まぎらわしくないよう、画面の彩りも考えているのです。

専門性をできるだけわかりやすく

次に自分の専門性を、ブログやSNSなどの記事、YouTubeなどの動画になるべく数多く掲載します。

テレビ業界では「リサーチャー」という調査専門員が、番組の企画に沿って出演候補者や、専門家を探しています。彼らはYouTubeやTikTokなどの動画メディアを積極的にリサーチしています。**動画で話している内容や、表情・動き・リズムなどをチェックし、テレビに向いているか否か、判断**しているのです。

さらにはブログなどの文字メディアのほか、書籍や新聞・雑誌など活字メディアでの実績、専門性や信頼性の裏付けとなるSNSのフォロワー数にも着目しています。

テレビにも出演者募集コーナーがある

準備が整ったら、テレビ局や制作会社に対してアピールしていきましょう。これを、売り込みとか持ち込みなどといいます。テレビや、同じ電波媒体であるラジオにも出演者募集コーナーがあるので、該当するコーナーにはぜひ応募してください。

ある程度のメディア実績を積み、自分から売り込むのは卒業したくなったら、**広報**

担当者を起用するタイミングです。広報担当はメディア側に対し、出演の企画案を書いて提案したり、次ページで紹介する「プレスリリース」を送付します。紹介が基本ですが、**文化人専門の芸能プロダクションに所属する**のもひとつの方法です。定期的にオーディションを実施している企業や団体もあります。

広告営業に注意

注意すべきは、「テレビ番組に出られます」などという誘い文句で、実は広告営業だったというパターンです。誘いを受け、浮かれてOKしたところ、有料であったという話をよく耳にします。「テレビ番組に出られます」の真意を確かめたい場合は、制作会社を経由せず、テレビ局に直接電話をかけて聞いてみることをおすすめします。

選ばれるために

メディアが求めていることを、先回りしてウェブ上に準備しておこう

7-3

「新聞や雑誌に出たい！」ときの裏ワザとは？

専門家、有識者、文化人として、新聞や雑誌に出たい！　これはパーソナル・ブランディングに取り組む人、誰もが願うことかもしれません。

私も、初めて新聞に取材されたときは、思わず切り抜きを実家の母に送ってしまいました。さらに、母から親戚一同に、その新聞記事が展開されたようです。小さい頃からかわいがってくれた叔母に「なおちゃん、新聞に出るような立派な人になって……」と言ってもらえたときは、孝行できたかなぁと本当に嬉しく思いました。

「出たい」と思うときは、「取材されたい」と考えるのが普通だと思いますが、実は、もっと早く新聞や雑誌に自分の名前を載せる裏ワザがあります。

それは**「寄稿する」「応募する」**という方法です。

選ばれるために

自分から記事を書いて応募し、記者や編集者と仲良くなろう

新聞や雑誌には「投書欄」や「寄稿募集」、「出演者募集」といったコーナーが必ず定期的にあります。新しい執筆者や出演者を探しているとき、こういうコーナーができます。メディアが探しているわけですから、こちらから遠慮なく応募しましょう。**記者や編集者とコネクションができ、自分の話や専門性に興味を持ってもらえたら、こっちのもの**です。そこから定期的に声がかかることもよくあります。

新聞は、無記名で投稿が掲載されるコーナーもありますが、名前や肩書がしっかりと掲載される寄稿コーナーもたくさんあります。雑誌の場合なら「読者モデル」も一種の出演者募集です。ぜひ一度、お手元の新聞や雑誌を丹念に見てみてください。

そもそも最近、新聞や雑誌を購入して読みましたか？　**読んでもいない人に出演依頼が来ることはまずありません。**その新聞や雑誌の論調、テイストを理解し、それに合う人に出演依頼が来るわけですから、まず「読んでおく」ことが大前提です。

7-4

自分ブランドの価値が高まる「本を出したい！」

自分の専門性を本にまとめて、「出版したい！」と憧れる人は多いもの。無名の著者が一冊の本をきっかけに有名になる、というビッグドリームは今でもあることです。日本の出版市場では、新刊書籍が毎年6万7000点近くも出ていますから、その一冊をあなたが書くことになっても、何ら不思議なことではありません。

本を出したいと本気で考える人は、**出版を支援してくれる出版プロデューサー・編集者（人物）**や、**出版スクール（塾）に相談**してみてはどうでしょう。それぞれ一定の費用がかかりますが、プロに企画を相談することで、ふんわりとした夢が具体的な行動に変わります。自分で本のタイトルと目次を考え、ブログなどに原稿を書き始めてみるのもおすすめです。

何をかくそう、この私も、本書を書く前に出版スクールに通い、何人もの出版プロデューサーや編集者に企画書を見ていただきました。企画にダメ出しをされ、落ち込むこともありましたが、たたかれて、たたかれて、研ぎすました言葉が、今お読みのあなたの心にひとつでも残ることを目標に、この原稿を書いています。

知っておきたい「出版の種類」とその用語

出版にはいくつかの種類があります。まず複数人で一冊の本を書く「共著」と、一人の著者が書く「単著」。それから出版にかかる費用を著者が負担する「自費出版」と、出版社が商品として発行する「商業出版」。また、発行形態としては「紙の本」と、デジタル端末で読む「電子書籍」があります。本書は、単著の商業出版で、紙の本と電子書籍の両方の発行形態で出版しています。

自分が目指すスタイルで出版できるよう、用語の勉強をしておくことも大事です。

選ばれるために

ふんわりと夢を見るのではなく具体的に行動を起こそう

7-5

メディアが取材したくなる「仕組み」を作る

企業がメディアに向けて発表する広報資料を「プレスリリース」といいます。

実はプレスリリースは、商売の規模を問わず、個人でも、誰でも発行することができます。「PR TIMES」を代表とした、手軽にメディア向けに情報発信のできるシステムがたくさんあるので、ブランディングを強化したい人や、メディアに取材されたい人はぜひ活用してください。商工会議所の会員になっている人は、会を経由して地元のメディアに対し、情報発信をすることもできます。

プレスリリースは、定期的に発行することで効果を発揮します。例えば年2回とか4回と決めて、メディアに向けて定期的にニュースを伝えていきましょう。

なお、「広報」と「広告」は隣接ジャンルですが、その内容は違います。**「広報」はパブリック・リレーションズの訳語で「自社と社会の間に、相互利益をもたらす関係**

社会に有益な「プレスリリース」の書き方（サンプル）

PRESS RELEASE

Mint
Branding
202＊年＊月＊日

ロゴ
発行年月日
サブタイトル
タイトル

全国の商工会議所・企業研修で人気の内容を、一般向けに販売開始！

マスコミ出身者がそっと教える
「取り上げたくなるプレスリリースの作り方」
オンライン講座がスタート

リード文

株式会社ミント・ブランディング（東京都渋谷区、代表取締役社長：守山菜穂子）は、202＊年＊月＊＊日より、まなびのコミュニティ「ストアカ」にて、オンライン講座『マスコミ出身者がそっと教える「取り上げたくなるプレスリリースの作り方」の販売を開始いたします。

メイン画像

【講座の特長】

本講座は 2015 年の開発以来、全国の商工会議所・業界団体や企業の研修などに導入され、リピート開催されている人気講座です。講師は、大手広告会社・大手出版社といったメディア業界に 16 年間勤務しており、プレスリリースを受け取る側の経験が豊富。執筆の技術だけでなく、メディア業界の心理や、スケジュール、送り方、送った後の対処方法など、広報の基礎を凝縮して講座にまとめたことで評価されました。
「プレスリリースの書き方について学べる場所が少ない」という社会ニーズに応じ、この度、個人向けにオンライン講座の販売を開始する運びとなりました。

【こんな人におすすめの講座です】

・ビジネスの伝え方に悩んでいる方（BtoC、BtoB 業種、どちらも対応可能）。
・個人や会社の特性を積極的に発信したい方。
・雑誌・テレビ・新聞・有名ウェブメディアなどに、自社の商品・サービスを取り上げて欲しいと考えている方。

【本リリースに対するお問い合わせ先】

株式会社ミント・ブランディング
広報担当：＊＊＊＊＊＊＊＊　メール：＊＊＊＊@mint.co.jp
代表電話：03-＊＊＊＊-＊＊＊＊

問い合わせ先

性を構築すること」と定義されています。つまり自分からの発表が、社会に対してプラスの影響を及ぼすときにのみ、プレスリリースを発行する意義が発生するのです。社会に対してプラスになる情報は、メディアも積極的に取り上げますし、メディアの視聴者や読者も喜びます。自分の側は、大切な情報の告知をメディア上で行うことができ、三方よしというわけです。

一方、**「広告」は、メディアの掲載枠を購入して、企業や個人がメッセージを発信するもの**。メディア側の視聴者数や読者数に比例して、掲載料金がかかります。広告は、個人事業主でも購入できるメディアと、法人のみ可の場合があります。メディア側の審査の基準内であれば、自由にメッセージを伝えることができます。**広告は、費用をかけてでもメディア上に緊急露出をしたい場合や掲載時期を指定して告知したい場合、パーソナル・ブランディング上も有効な手段**となります。

社会に有益な内容で、プレスリリースを発行しよう

Chapter 8

【お悩み別Q&A】

パーソナル・ブランディングの処方箋《しょほうせん》

8-1

Q

人の言葉にいちいち傷つき、
猛烈に自信がなくなってしまいます

A

「褒め言葉メモ」を書きためて
自分を甘やかすのがおすすめ

私のスマホには**「人から贈られた愛の言葉メモ」**という、ちょっと恥ずかしいタイトルのメモフォルダがあります。このメモの中には、人から褒められた言葉や、何かフィードバックをいただいたときの言葉が、延々と並んでいます。

例えばある日、クライアントが「いやー、守山さんと話していたらスッキリした、ありがとう」と言ってくれたので、その日付と、クライアントのお名前、言葉をメモ。受講生が「菜穂子先生にかかると、何でもできそう！　無理なくできそう！」と言ってくれたので、またメモ。

古い友人が「なおちゃんはブログをちゃんと書いててえらいよね〜」と言ってくれたので、それもメモ。

ほかには、誕生日やお祝いのときに「おめでとう」と書かれたカードや、何かのお礼として「ありがとう」と書かれたカードなどをいただくこともありますよね。そんなカード類も、写真を撮って全部、この「人から贈られた愛の言葉メモ」フォルダに並べて入れてあります。

1カ月に1回ぐらいしかメモを書けないときもありますが、私はこのメモを自分の人生で一番ツラく自信がなかった2011年に書き始め、現在まで13年以上もコツコツ書きためています。

「人から贈られた愛の言葉メモ」の使い方としては、**自分が落ち込んで悲しいとか傷ついたと感じたとき、自分に自信をつけたいときに引っ張り出して、眺めて、「ただニヤニヤする」**というものです。何年にもわたり、みんながちょこっとかけてくれた言葉を、まとめて見ることで、それはもう、幸せな気分になるのです。

逆に、悲しくて泣きはらした日、疲れ果てた日に、この長いメモを取り出して眺めてみたりすると、もう、あっという間に自己肯定感が爆上がりします。

それは、夏にたくさん取れた旬の果実を、煮詰めてジャムにしておいて、冬の間に少しずつ使う感じとも言えましょうか。**お金も手間もたいしてかからない、愛の貯金の方法**です。

メモに言葉がたまってくると、「自分はひとりじゃない」「自分にも少しはいいとこ

小さな褒め言葉が自信につながる

ニヤニヤ
上達したね
よくできてる
ありがとう
助かった
元気だね
えらい
すごい
うまいよね
おめでとう
いいじゃん

ろがあるんだな」とか「また、人をこういうふうに喜ばせたいなあ」という、心の芯棒のようなものができてきます。この芯棒が「自信」につながります。

このようにして、人の言葉にいちいち傷ついてしまう自分を、人の言葉にいちいち喜ぶ自分に変換してしまいましょう。

もし、傷つく言葉としっかり向き合いたいドMタイプの人なら、**「傷つく言葉のリスト」**を作るのもいいかもしれません。

自分が何を言われると傷つくのか、どう言われがちなのか、客観性をもって見ることができます。自分を深く知るきっかけにもなるでしょう。

8-2

Q

発信とかプレゼンとか、
伝えること全般が苦手です

A

自分は、傾聴が得意であると
最初に伝えてはどうでしょう?

「発信するのが苦手」とおっしゃる方は、とても多いです。

ただ、その苦手な理由をじっくり聴いてみると、苦手の中にも実は、さまざまなパターンがあることがわかります。理由によりそれぞれ対処法が異なるので、自分が「発信」のどこが苦手なのか、怖がらずに理解しておくのは大切です。


例えば以前、人から「説明が下手だ」と言われて、ショックを受けたことがある人。次からは**説明をうまくするための資料や台本を、時間をかけて準備**しておけば大丈夫です。リハーサルを行い、**声の出し方や、時間配分も練習**するとよいでしょう。

行き当たりばったりが一番危険です。下手な人ほど発信を甘く見て、準備を怠っています。うまい人はたいてい見えないところでしっかり準備して、事前に練習もしています。何を発信するかをじっくり考えて、なるべく早く原稿を準備して臨むことで、不安や恐怖が減っていきます。

私はプロ講師10年目ですが、初めての内容でセミナーを行うときは、必ず全ページの原稿を通しで、声に出してリハーサルを行います。動画を撮影して見直すこともあります。

生まれつき話すのが上手な人は誰もいません。練習あるのみです。

同僚や同業者などのライバルで、発信がめちゃくちゃうまい人がいて、比べてしまうという人。この場合は、**ライバルとできるだけやり方がかぶらないよう、類型の発信をしないように、差異化**します。

例えばライバルがインスタで画像中心の発信なら、自分はXやFacebookで文字中心の発信をする。ライバルが毎日発信していて回数が多いなら、自分は少なく月1回でいいことにするなど、違う方法を採用することをおすすめします。

アンチを作りたくない、炎上したくない、発信することに恐怖がある、という人もいます。今までの人生で発信したことがあまりないので、単純にやり方がわからないという人もいます。

まずは、**小さく始めてみましょう**。気心の知れたお友達と。仲間内から、チームの中で。慣れてきたら、**少しずつ発信の頻度を上げてみましょう**。

これも、初めからうまいという人は本当に少なくて、繰り返すことで発信することへの慣れや安心感を醸成していくことが大切です。

「聴いている」ことを発信しよう

本当に話すのが苦手、書くのも苦手、ただ人の話を聴くのが大好きという人。

この場合は**「私は、傾聴が得意です」**と伝えてみましょう。

「私は、人の話を聴くのが大好きで……」という表現でもよいと思います。最初にこれを一言伝えてくれるだけで、相手はとても話しやすくなります。

「聴いているという態度を伝える」ことも、ひとつの発信であり、あなたらしいプレゼンテーションなのです。

人は自分の話を聴いてくれる人が大好き。聴くのが得意な人は、その能力で人気者になれる可能性があります。

8-3

Q

ポートレート写真を撮ってSNSに載せたら、
みんなに何か言われそう…

A

確実に何か言われます。
かわす言葉を、あらかじめ数パターン
用意しておきましょう

新しい洋服で、きれいにヘアメイクして、満面の笑みで、プロのフォトグラファーにポートレート写真を撮ってもらった！

それをSNSに載せたら、周囲から「なんかずいぶん雰囲気が変わった」「急にやる気を出してきたね」「どうした、選挙にでも出るのか？」とコメントが殺到し、ほとんど炎上してしまったという人がいました。


そんな悲しいことが……とお思いかもしれませんが、実はこれ、初めてポートレート撮影をする人に「あるある」です。このような悲惨な事態は頻発しています。

SNSつながりだけでなく、家族やパートナー、仕事先からもいろいろ言われて、恥ずかしい、ツラい。しかし、これらのコメントは、**単なる「嫉妬《しっと》」**です。

同じ階層にいた仲間が、自分たちの階層から一抜けして次のステージに向かおうとしている人を目ざとく見つけ、足を引っ張っているだけです。


この場合は、**あらかじめかわす言葉を数パターン用意しておきましょう。**

雰囲気が変わった、化《ば》けたと言われたら、**「ありがとう！　カメラマンやヘアメイ**

クさんのおかげです♪」。

化粧が濃い、服が派手と言われたら、**「ありがとう！　新しい私を目指してます♪」**。選挙にでも出るのかと言われたら、**「ビジネスを頑張ろうと思ってます♪」**。

こんなふうに、返事を用意しておけばＯＫです。

嫉妬のボールが飛んできたら、手を出して受け取らず、あえて明るくスルーする、受け流すのです。こちらが本気なのだと伝わり、絡みづらいなと思ったら、嫉妬虫たちはそれ以上、絡んでこなくなります。

ここで、最もよくないのは「えへへ、化けちゃったよ〜」「この写真、選挙にでも出るみたいでしょ！」などと、自虐的におちゃらけてみせることです。これでは足を引っ張りに来る嫉妬虫の集団の中に、自ら突っ込んでしまうようなもの。

お笑い芸人さんがよくやるおちゃらけ手段は、自分を落として笑いを取る、高度な技術。プロだからできることで、素人がやるとただ自分をおとしめるだけになります。

パーソナル・ブランディングの過程で、人間のステージが大きく変わることはよくあります。

もしこんなふうに嫉妬される場面があったら、「あっ、私は次のステージに行くんだな」と感じてください。


次のステージに一緒に進める人だけが、本当の仲間であり友達です。


そもそも、なぜその写真を撮影したのか、思い出してみてください。何か始めたいことや目指すステージがあって、パーソナル・ブランディングのために撮影したはず。写真を変更するタイミングは、注目を浴びるよい機会ですから、勇気を持って、まっすぐにその思いを書いてしまいましょう。

「私はこういうことがやりたい」「私はこういう人と出会いたい」と自分の言葉で投稿することで、応援してくれる人がさらに増え、紹介がつながっていきます。

選ばれる人は、本当に自分を選んでくれる人と出会いたいもの。足を引っ張る人と戯《たわむ》れている時間はないのです。

8-4

Q

SNSが嫌いなのですが、ブランディングのためにはやるべきでしょうか?

A

やらなくてもいいです。ただし、ほかの告知ツールを確保する必要がありますあなたの人生ですから、どうしても嫌いなものを無理にやることはありません。

それに、**「みんながやっているから、やる」という発想は、すでに没個性であり、ブランディング的ではありません。**実際、今からインスタやXを始めたところで、すでに同業者で発信のうまい人の後発のポジションしか取れない可能性が高いです。

ただ、SNSというのは告知の道具としては新しく、技術的にとても便利なものです。**わざわざ便利な道具を使わないのであれば、やらない理由を明確にし、代替手段を確保する必要**があります。

例えるなら、調理するのに電気やガスのコンロも、電子レンジも使わず、わざわざ薪《まき》を割って火をおこすようなもの。その面倒くささも受け入れ、大変さを面白がる心や、それをやる理由が明確であれば、まったく問題ないでしょう。

ある弁護士は、一時期Facebook投稿を頑張っていたものの、あるとき「すべてのSNSをやめる」と宣言して、本当にすっぱりやめてしまいました。

その理由として、移動中や仕事の合間、そして本を読んだり勉強すべき時間にも、

SNSを頻繁に見に行きたくなってしまう。そんな自分を止められず、同業者の活動も気になってしまう。

生産性の低い時間を自分の生活の中から排除し、今、目の前にいる、悩めるお客様に1秒でも多く、全力で向き合いたいからとおっしゃっていました。

彼の告知の代替手段は、**名刺と、営業用のパンフレットやチラシ、年数回のはがきといった紙媒体**です。もちろん、ウェブ上にはプロフィールと顔写真をきちんと載せておき、お問い合わせフォームも完備。事務所の電話番号も公開して、問い合わせはいつでも受けられる体制にしています。

古典的なスタイルですが、パンフレットを見て、電話で相談したいタイプのお客様を受け付けています。それで、ご紹介のお客様がつながっているのですから、何も問題なく、かつ彼自身もそのやり方が性に合っていたようです。

SNSなどなくても、まったく問題なくビジネスは活性化できるという証明になっているケースです。

また、こういう人もいました。あるヨガインストラクターは、SNSに自分は投稿するけれど、人の投稿をまったく見ないと決めていました。

心がざわつくときは大体、人の投稿を見てしまったときだ、と気付いた彼女は、その行動を排除しました。しかし、SNSは自分の活動の告知には便利なもの。そこで、自分は頻繁に投稿し、そこにコメントをいただいた人に、こまめに返事をして交流することだけを徹底してやることにしたのです。

その話を聞いたとき、私は「なかなか割り切った使い方だな」と驚きましたが、SNSのデメリットを排除し、メリットだけを獲得する、賢い方法とも言えます。

時間や曜日を区切って、例えば朝にしか投稿しないとか、土曜日だけ投稿するとか、月1回だけ投稿するとか、決めて使うのもいいでしょう。ダラダラとSNSにのみ込まれてしまうことを防ぎつつ、決めた時間だけ楽しく使うことができます。毎日投稿しなくてはいけない、というルールはないのですから。


SNSに振り回されず、人類が手にした便利な道具として活用してください。

Q

ガツガツしているように見られたくないし、
目立ちたくもないのですが…

A

今日からそっと、自分だけで始めればOK。
周囲からの扱いがジワジワ変わってきます

パーソナル・ブランディングに取り組んでいると言うと、なんだかやる気満々で、ガツガツしているように見えて、恥ずかしい。エゴが強い感じがする。取り組んでいることは周りにバレたくない、スマートにやりたい、誰にも知られずにいつの間にか個性を確立したい。こういうご相談もよくいただきます。

また、自分のブランディングで、家族・子どもなど近しい人には絶対に迷惑をかけたくないとおっしゃる方もいます。

こんな表現から、**ブランディングは、こっそりサプリメントを飲み始めるダイエットとか、人に言わずに通っているスポーツジム、自分の資産を増やすためにそっと始める金融投資などに似ている**なと感じます。周りにやっていることをペラペラと話さないだけで、ひっそりトライしている人は非常にたくさんいるジャンルです。

ガツガツせず、そっと自分だけで、今日からブランディングを始めましょう。

自分がどういう人だと思われたいか、考えを確立し、人に的確に伝えていくのがブランディングです。派手に伝える必要はまったくありません。

パーソナル・ブランディングに本気で取り組み始めると、早い人なら1～2カ月、遅くても半年後には、自分が理想とする人物像に近づいていきます。そして、周囲からの扱いがジワジワ変わってきます。

ブランディングの過程で、新しい人が周囲に集まってくるとか、付き合う人が変わることもあるでしょう。友人や同僚から「あの人、最近なんかいいね」「本気出してるな」と気付かれる、密かに嫉妬されるといったことも起こり得ます。

ダイエットやフィットネスを続けていたら、あるとき「あれっ、やせた？」「もしかして鍛えてる？」と聞かれるようなものです。その時点で、元の状態からはかなりの差が付いた段階にいます。

今までのあなたが好きだったのに…

ブランディングで一番難しいのは、家族やパートナー、親友など、一番近しい人を困惑させてしまうときです。「今までのあなたが好きだった」「一体、急にどうしちゃったの？」「変わらないでいてほしい」などというものです。

周囲が気付く頃には
かなりの差が付いている

これは、一気に高いステージに行こうとしている人や、ブランディングの技術で大きく方向転換を図ろうとしている人に起こります。**本人の視点の高さと、近しい人の視点が合わなくて、近しい人には何が起こっているのかわからない**のです。

これは、ブランディングの意図が伝わっていないことが原因です。今取り組んでいることを伝え、「これからの自分も好きでいてほしい」「変わりたい自分を応援してほしい」と率直に話すとよいでしょう。

パートナーがいる場合は、一緒にパーソナル・ブランディングに取り組み、プロフィールの作成や写真の撮影など、共同で作業を進めていくのもおすすめです。

8-6

Q

幅広く活動していたら、自分が何屋かわからなくなってしまいました！

A

中心にある「軸」を探して明確に言語化しましょう

「あなたって結局、今、何やってるんだっけ？」

こう言われてショックを受けた人から、ブランディングのご相談を受けることがよくあります。お客様からのニーズにそのつど対応し、時流に合わせて新規ビジネスを工夫した結果、当初と事業領域が大きく変わってしまった。あれこれ引き受けすぎて、自分でも、何屋かわからなくなってしまった……。

また、別の顔でいくつかの事業をやっていたら「多重人格」になってしまったという人もいます。事業ごとに複数のハンドルネームでSNSを運用していて、疲れてしまった。ある仕事を今まで長くしてきたけれど、2つめのまったく違う仕事を始めたい。こんな人たちも、自分の表現に悩んでいます。

「何屋かわからない」には、2つの状態があります。**自分の中ではやっていることの一貫性があるけれど、周囲から見ると不明瞭になっている場合**と、**自分の中でも、自分が何屋か、よくわからなくなっている場合**です。

自分の中ではやっていることの一貫性があるけれど、周囲から見ると不明瞭になっている場合。こういうときは、**自分の中の一貫性、活動を貫く「軸」を言語化し、ハ**

ッキリと伝える作業を行います。

例えば学生時代にバックパッカーとして海外を放浪し、日本に戻って飲食業の居酒屋を経営したのち、医療の専門家として事業所を開業したという経歴の人がいます。

外部から見ると、あれこれいろんなことをやっているように見えますが、本人の中には一貫した軸があります。**多様性のある人間の生き方が好きで、いろんな人が凸凹と折り合いながら明るく生きていくところを応援したい**のです。

こうした「軸」を言語化し、人に伝えることで、幅広い活動が理解されやすくなり、周囲からの応援も得られやすくなります。

一方、自分の中でも自分が何屋か、よくわからなくなっている場合。これは、新しい活動を始めたくなる動機や、その活動の好きなポイント、ワクワクする部分を書き出していきます。**一見バラバラに見える活動には何かしらの共通点があるはずで、それがその人の「軸」になる**のです。

まったく違うジャンルの活動であっても、その人の「軸」に共感するお客様もいらっしゃいます。例えば、身体をゆるめ変なクセをなくして、生活をラクにする独自のボディトレーニング「ゆらトレ®」を開発した宮澤《みやざわ》理《り》恵《え》さん。

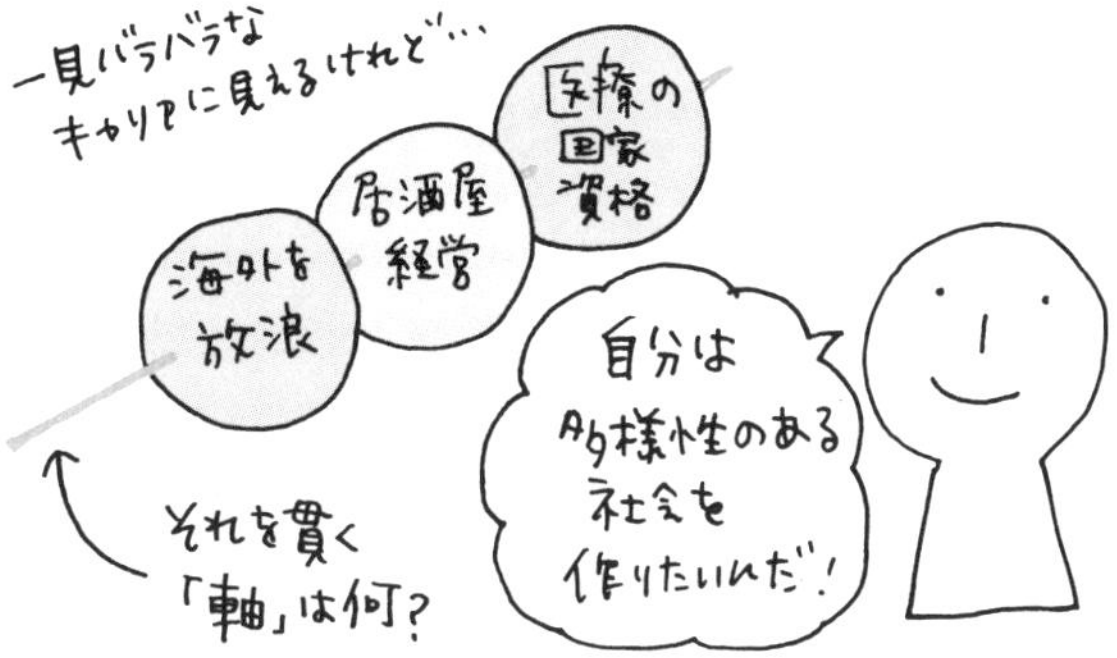
一見バラバラな
キャリアに見えるけれど…
医療の
国家
資格
居酒屋
経営
海外を
放浪
自分は
多様性のある
社会を
作りたいんだ!
それを貫く
「軸」は何?

彼女は同時に宝石商としても活動しており、お客様と人生をともにするジュエリーを提供しています。

共通点は「本質を知るお客様と、深くパーソナルな人間関係を築きたい」ということ。それぞれのお客様は、彼女のもうひとつの活動にも興味を持っています。

私は、複数の仕事を同時にやることには、大いに賛成です。

収入源を複数持つことで事業が安定し、景気の影響を受けにくくなります。また複数ジャンルの情報を持つことで、思考が広範囲に及び、新しい発見も獲得できます。

大切なのは仕事をひとつに絞ることではなく、「軸」をはっきりさせることなのです。

8-7

Q

生い立ちを隠したいのですが、ブランディングできますか？

A

問題なくできます。別の視点からのエピソードを準備しておきましょう

「子どもの頃のエピソード」というのは、ブランディング上、便利なツールです。**そこに現在の核《コア》となる部分があり、人の共感も得やすい**からです。

しかし、昔の話を使いたくない、生い立ちを隠したい、という方もたくさんいらっしゃいます。今までにさまざまな家庭の事情、ツラい経験、家族との壮絶な物語をたくさんお聴きしてきました。

ある政治家の女性は、事情があって物心ついたときにはすでに親がなく、児童養護施設で育ちました。小学生のときにある夫婦の養子に入り、その夫婦が育ての親として成人まで温かく育ててくれたそうです。

こうした経験から、やがて政治の世界を志すようになり、現在は絶望している子どもたちが明るい未来を描ける社会を作りたいと考えています。

しかし、これは絶対内密のエピソードでした。

彼女は養護施設で育ったエピソードを今まで一切、外には話していなかったのです。育てのご両親が、そのことを誰にも言わず、本当の自分たちの子どもとして育ててくれた。だから両親が元気なうちは、自分から外に言うことはしたくない。両親を悲しませたくない。こんな、とても優しい理由でした。

しかし、次期選挙に立候補するにあたり、自分がなぜ政治に関わりたいのか、どんな社会を作りたいかといった、コンセプト文を執筆する必要がありました。

誰よりも強い政治への動機があるけれど、そのエピソードは使いたくない。

彼女は私にこの秘密を打ち明け、代替エピソードを一緒に考えてほしいと相談してくれました。

一方で彼女は、大人になった後も、児童養護施設への慰問を自主的に行っていました。そこで今回はこのエピソードを使い、慰問で見た風景を骨子に原稿を執筆することにしたのです。

自分が養護施設の出身であることは言わず、「養護施設や小学校をたくさん慰問している政治家」として、絶望している子どもたちが明るい未来を描ける社会を目指す内容になりました。

事情を隠さなければいけない、という気持ちも尊重できます。

パーソナル・ブランディングは、誰の心も傷つけずに進めることができるのです。

あのときが、どん底だった

また、パーソナル・ブランディングは、自分の心も傷つけずに進められます。

ある会社のマネージャー職の男性は、誰もが一目置く、輝く未来志向の方でした。今、自分がメキメキと成長していることを伝えたい。こういうことを学び、仕事にしたい。これから一緒に成長できるクライアントやチームのメンバーを求めている、と繰り返し話していました。

ところがブランディングを進めるうちに、自分が未来志向であるのは、超絶ツライことがあったからだと、ぽつりぽつりと話し始めたのです。つい1年前に最愛の奥様を若くして病気で亡くされ、その前に長年の壮絶な闘病生活があったことを教えてくださいました。「人はいつか死ぬ」ことを実感したばかりの方でした。

強烈な光の陰に、強烈な闇がありました。

まだ傷が癒えていないエピソードを、わざわざ自分から周りに伝える必要はありません。ただ、そのエピソードを彼が自然に話せるようになったとき、彼の未来志向はもっと輝くものになると私は確信しました。

8-8

Q

ファッションが苦手で、必要性がよくわかりません

A

あなたの情報を整理して伝えるための道具として捉えませんか？

洋服を選ぶことにまったく興味がない。普通のシャツとジャケットを着ていれば、人生に影響はないのではないか。

洋服にお金をかけたくもないし、洋服を選ぶことに時間もかけたくない。センスとかトレンドとか、ふわふわしたものに振り回されたくない。

こんなふうにおっしゃる人は、結構たくさんいます。

「服装は自分のパッケージデザイン」ということはよくわかったけれど、具体的に何から手をつけたらよいか、まったくわからない、と途方に暮れている人もいます。

洋服がよくわからないという人は、洋服の歴史を学んでみてはどうでしょう？

例えばヨーロッパの貴族の服から進化したスーツやジャケットを着ていれば、「格の高い人」「きちんとした人」と見られます。

その後、スーツが軍服として取り入れられたこともあり、企業に属するビジネスパーソンや、その取引先はスーツ着用を好むのでしょう。

Tシャツは、歴史的に下着ジャンルのアイテム。スニーカーは運動靴です。Tシャツやその発展系であるトレーナーなど丸首のウエアを着ていると、「リラックスした人」「常識にとらわれない人」と見られます。スニーカーを履いていると機敏さやスピード感を伝えられます。スタートアップの経営者が好むのは、このためでしょう。

このように**自分を包む洋服には**歴史やルーツがあり、**その情報が、自分ブランドを伝えるための「記号」であり「道具」となります。**長々と時間をかけなくても、第一印象で自分の方向性を伝えられる、便利な道具としてぜひ活用してください。

プロのスタイリストに相談しよう

アップル創業者のスティーブ・ジョブズは、イッセイミヤケの黒いタートルネックのニットを何枚も用意し、毎日それを着用していました。ジョブズは毎朝の服選びから人生を解放しただけでなく、服装をアイコン化することに成功したのです。

効率のよさを目指す人は、プロに洋服選びを発注し、それを着るだけという解決策もおすすめです。具体的には、ファッションのスタイリスト、テイラー（スーツ仕立て業）などが相談相手となります。

洋服は自分を伝える便利な道具

スタイリストはテレビや雑誌などのメディア業界で活躍するのが当初の姿でしたが、パーソナル・ブランディングの発展にともない、一般のビジネスパーソン専門の方も増えてきました。

クローゼット内の手持ちの洋服の検証、買い物同行、洋服の取り置き、コーディネートの提案など、さまざまなスタイリストが提供しているサービスがあります。自分の洋服への興味関心と、かけたい時間、費用で選んでください。

首が太い、腕が長い、なで肩など体型に悩む場合は、セミオーダーで洋服を作るのもおすすめです。体にピタリと合った服は、それだけで自信を持たせてくれます。

8-9

Q

文章や写真のセンスがないので、発信することがツラいです

A

独学で学んでうまくなるか、人に謝礼を払って任せるか。どちらもアリです

選ばれる人になるために発信はしたい、でもSNS投稿や、ブログ、メルマガなど書くこと全般が負担という相談もよくいただきます。

文章はともかく、写真や動画まで自分で撮らなければいけない時代になり、センスのいい撮り方がわからないという人もいます。また書くことは嫌いではないけど、とにかく本業が忙しくて、発信することに時間を割けないという人もいます。

これは、本当に大変ですよね！　私もSNSとブログをやっていますが、毎回、大変だなあと思いながら写真を撮り、文章を書き、細く長く続けています。

苦手な人や、忙しい人が発信をするとき、**「自分で学んでうまくなりたいか」「人に謝礼を払って任せるか」**、考え方が2方向あります。それぞれ一長一短あります。

独学すれば、思いを自由自在に発信するスキルが手に入ります。文章の書き方やSNS投稿、写真の撮り方などを学べる講座は、オンライン講座から地元のカルチャーセンターまで、選び放題なほど全国にたくさんあります。

一方、そのスキルは、残念ながら一生モノとは限りません。**発信に使われるソフト**

ウェアや機材はどんどん進化するので、ずっと学び続けないといけないためです。

私は大学でグラフィックデザインと写真を学びましたが、基礎は身についているものの、道具類についてはその頃とはまったく変わってしまいました。

文章も学生時代からずっと書き続けていて、仕事柄、雑誌の原稿や広告コピー、パンフレットの文章を書くこともありますが、それでも学び続ける必要があると感じています。例えば「現代的な文章」というものがあり、逆に「古典的な表現」も奥深く。また新しい用語はどんどん出てくるので、インプットには終わりがありません。

発信をプロに任せることもできる

謝礼を払って、SNS投稿を人に支援していただく方法もあります。

文章を書きたい人、写真を撮りたい人、またそれを仕事としてプロでやっている人は全国に大勢います。プロの書き手や撮り手と対話しながら、自分の思いを伝えることで、びっくりするくらいよい表現に出合えることもあるでしょう。

ライターやフォトグラファーといった作り手のほか、SNS支援業、秘書、業務代行業などマーケティング・総務関係企業がSNS投稿を請け負っています。

発信力がないと感じたときは…

人に任せるか
自分で学ぶか
一長一短で悩ましい…

「親戚の子が大学生で、息をするくらい簡単にSNSをやっているので、投稿を任せることにした」という人もいました。お互いにWin―Winでいい契約ですね。

人に任せるデメリットは、その費用を永遠に払い続けなければいけないことです。ブランディングの必要経費、業務アウトソーシングと割り切る必要があります。

また法律上、文章や写真の著作権は書き手側・撮影側に帰属します。**費用を払って人に文章や写真を制作してもらう場合、自分の側で今後も原稿を長く使えるよう、事前に著作権の買い取り契約をしておくことをおすすめします。**

Q

なかなかチャンスが巡ってこず、
同期に後《おく》れをとってしまいました

A

今日から小さく、行動を積み重ねよう。
「これがチャンスだったんだ」とわかるのは
だいぶ後です

パーソナル・ブランディングの仕事をしていると、ひしひしと感じることがあります。世の中には、「チャンスをすぐにつかむ人」と「いつまでたってもつかめない人」がいるということです。では、その違いはどこからやってくるのでしょうか？

「チャンス」の種は、一見したところ、「チャンスの顔」をしていません。

旧知の人からの気軽なお願いごと、会社や団体におけるプロジェクトへの打診、いつものお客様からの少し毛色の違う相談。こんな感じで、あなたの日常に現れます。これを「上司がまた面倒なことを言い出したなあ、イヤだなあ」と捉えるか、「新しい話か、まあ乗ってみるか」と捉えるかが、人生の分かれ道なのです。

例えば、「今度、駅前に新しいレストランができたんだって」というウワサ話に対し、「へえ～」で終わる人と、「おお、行こう！　いつ行く？」と、スケジュール帳を見ながら実際に行動を起こす人がいます。

「へえ～」で終わる人は、いつまでたっても「へえ～」と「いいなあ、行ってみたい」の繰り返し。

次第に「みんな楽しそう」とか「自分は行っていない……」に、変わっていきます。羨ましい思いは、さらに積み重なり「嫉妬」や「自己嫌悪」へと変わり、結晶化します。そして、「いつか、私にも大きなチャンスが回ってくるかも」とか「すごく面白い、新しい仕事はないか」といった他力本願思考になるか、もしくは「人生なんて、どうせつまらない」と、愚痴ばかりこぼす人になってしまうのです。

一方、「いつ行く?」派の人は「いい店で、新しいシェフに出会えた」とか、「道の途中に花屋さんを見つけた」などと、小さな出会いを積み重ねていきます。時には「味はイマイチだった」「コスパ悪かったね」など、ほろ苦《にが》の経験もあるかもしれませんが、**実際に積み重ねた経験のことだけを人は「実績」と呼び、大きく評価する**のです。

小さな10個のチャンスの種を、すべて気付かずにスルーしてしまう人と、すべて「実績」にしてしまう人。1年もたつと、大きく差がつきます。人生はこの積み重ねで、どんどん差が開いていきます。

仕事があり、自分の時間なんてまったく取れない。日常のあれこれで忙しい。体調がよくない。子どもに手がかかる。パートナーから横槍が入る。金銭的な余裕もない。家が遠くて。優柔不断で。人見知りなので。勇気がなくて。だから無理。

こんなふうに理由をおっしゃる方が多いです。実際そうなのでしょう。

しかし、実績を作る人は、忙しい仕事の合間に、ほんの少しの時間を作っている。体調や、子育てや、金銭面や、通勤通学を可能な限り効率化し、コントロールしている。私はそんな人も、たくさん知っています。

「それだけ忙しいのに、また新しいことを始めるなんて、本当にすごい！」

「悪条件なのに、チャンスの種をちゃんと見つけている」

こう思える人も、世の中にはたくさんいるのです。

チャンスの種を見つけたら「植えないと芽が出ない」ことを知っている人たちはみんな結果的に、大きな仕事や素晴らしい人脈をつかんでいます。

あなたの毎日にも、1日に何度か小さな「チャンス」が訪れているはず。それをつかむか、つかまないかはあなた次第です。

Q

いつか独立したいのですが、
何から始めたらよいでしょう?

A

独立経験者の話を、たくさん聴こう。
5年後、10年後のマーケットを研究しよう

「いつか独立したいなあ」というぼんやりした思いの中で、まだ会社員をやっている。私もそのような状態だったことがあるので、よくわかります。

何から始めたらよいか、という質問をよくいただくので、私の経験を紹介します。

本当はやりたいことが別にあるとか、副業を始めたいという人にも、参考になるかもしれません。

私は当時、仕事にコミットしてバリバリ働く会社員で、副業禁止の会社に勤めていました。そこでまず、**週末だけを使い、社会活動団体のボランティア**を始めました。小さく社外活動の「練習」を始めてみた感じです。

いくつか団体の仕事をお手伝いする中で、会社とは別の「2つめの名刺」を持つことになりました。また、会社とは別の人的ネットワークを得て、まったく新しい知見、経験、立場があることを学びました。

私の場合、ボランティアを1年ほど続ける間に「自分が社会で必要とされているのは広報・ブランディング領域だ」と的を絞ることができました。私が勤めていたマスコミ業界では当たり前の「読む、書く、伝える」能力も、ほかの業界では重宝されるということがわかりました。また写真撮影や印刷物の制作、イベント企画などは独特のノウハウで、知らない人は悩んでいることが多く、仕事にできそうだと感じました。

独立したいけどやりたいことが具体的に決まっていないという人は、まずは自分がピンとくるまで、勉強がてら広いジャンルを体験してみてはいかがでしょう。地域や社会団体でのボランティアは人の役に立ちますし、ほかの業界の人と話すことは自分の技術や知見の棚卸しになります。アルバイトや、仲間の仕事を手伝ってみるのもいいと思います。大学や大学院、セミナーなどで学び直しをする人も多いです。

私の場合は、その後に複数の**「ビジネスプラン作成講座」や「資格取得講座」に通い、具体的な独立プランを設計**しました。これらの講座では、5~10年後の市場（マーケット）を研究し、事業の採算性を考えました。

私はスピード重視で民間講座に通いましたが、都道府県や市区町村の役所、商工会議所などが主催する「起業塾」も全国にたくさんあります。公的補助があり、受講料が比較的割安なので、安心です。

多くの経験者に会ってみるのがおすすめ

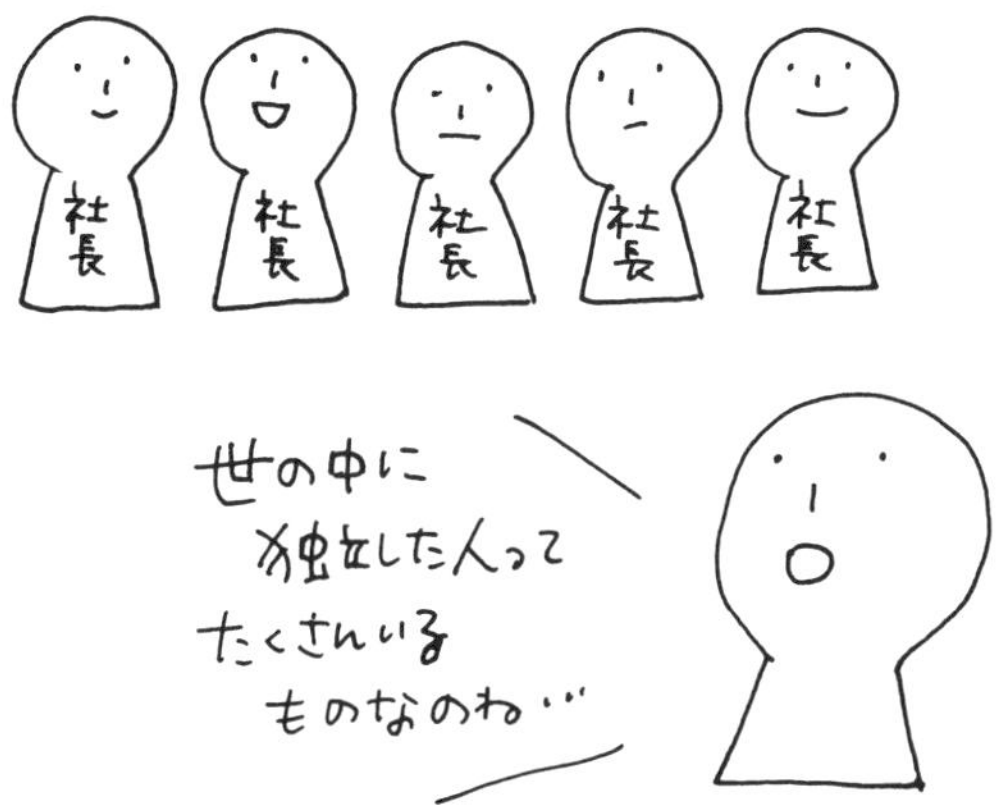
社長
社長
社長
社長
社長
世の中に
独立した人って
たくさんいる
ものなのね…

講座では、独立起業を望む仲間や、すでに起業・経営している人とのつながりができました。世の中に独立経験者はたくさんいると初めて知りましたし、独立のノウハウや失敗談など、生の声を聴けたことは本当に刺激になりました。

このように、私の場合は独立に向けて、あれこれ動いていたら突破口が見つかったという感じです。

技術を持って独立する人、まず資金を集めてから独立する人、会社の新規事業を立ち上げて独立する人など、独立にも多様なタイプがあります。まずは**多くの経験者に会ってみることをおすすめします！**

8-12

Q

やりたいことが周囲に理解されず、
「やめておけ」と止められます

A

みんなを置いて、
さっさと、先に行っちゃいましょう

一緒に仕事をしている仲間や、パートナー、家族、長く時間をともにしてきた友人と、あるとき、進むペースが合わなくなることがあります。

前まではそんなことなかったのに、なんだか突然、相手が動いていないように見える、止まって見える。やりたいことを止められるし、話してもなかなか理解してもらえない。なぜだろう？


そんなとき、私はこうします。

「わかった。私は先に行くよ。よかったらついて来て」

こう言って、仲間のことは置いて行きます。自分の使命を犠牲にせずに、自分が今、見えている道を全力で、どんどん前に進むのです。


以前の私は、変わらぬ相手を変えよう、動かぬ相手を動かそうとしていました。遠回しにお願いしたり、さりげなく先回りしてやってあげちゃったり。逆に、「自分が至らないから伝わらないのだ」と考え、伝え方を学んだり、自分を変えようとしたり。

仲間と一緒に動くことが美徳と思っていました。でも、全部やめました。

最初の頃、仲間やパートナーは、当然ついて来てくれません。「さっさと進んでいく私」を非難するかもしれない。ドン引きするかもしれない。「何だよ、自分だけ」と、嫉妬するかもしれない。「変わったね」なんて冷たい言葉を言われてしまうかも。

でも、それでいいんです。

あなただけが見えているその目的地に、使命に導かれるままに一心不乱に向かい、さっさと着いたならば、見晴らしのいいところから、また大好きな仲間に手を振りましょう。

「ねえねえ！　私はここまで来たよ。ここは素敵だよ。でもちょっと寂しいから、あなたも来てよ。ここから見えるものを一緒に見ようよ」

この考え方を教えていただいた恩師のおかげで、私はすごく遠くに来られました。大切な仲間たちを全部一緒に連れて、今、あの頃とはまったく違う景色を見ています。

自分がやりたいことが周囲に理解されない、と感じたときは、自分のスピードが上がっているときです。

自分だけが見えている道を進もう！

仲間を置いて行くのではない、**自分が道を切り拓《ひら》き、新天地にたどり着いたらいつか仲間を呼び寄せるのだ**。そう覚悟して、全力で今、突き進んでください。

さあ、さっさと先に行ってください。

ひとりで行くのが孤独だと感じたら、私が応援します。

そうして、次にあなたが成長期真っ盛りの仲間を見つけたら。「もっと高いところ」に向かって羽ばたきたいという友がいたら。あるいは、優しい気づかいのために遠慮している勇者を見かけたら……。

今度はあなたがこの方法を教えてあげる番。そして、全力で背中を押しましょう。

Q

職場で、ステレオタイプな「母」を押しつけられることに嫌気が差します

A

「母」をアピールするもしないも、自分で決めていいのです

女性活躍推進が叫ばれている今、ワーキングマザーたちが職場や業界でのポジション取りに悩んでいます。

私自身には子どもがいませんが、女性誌を発行している会社に勤めた経験から、数多くのグローバル企業のワーキングマザーたちと働いてきました。また最近はブランディングの専門家として、「母」としての存在意義に悩む人から、さまざまな相談を受けています。

例えば、ビジネスシーンでは「キレッキレのカッコいい人」ですが、子どもの保護者会でほかの親御さんに「お母さんらしくないよね」と言われて怒り、悩んでいる人がいました。「お母さんらしい」という、よくわからないステレオタイプのようなものと、時間をかけて築いた自分ブランドを並べられたくない。当然の怒りです。

また、子どものことは心底愛しているけど、職場でわざわざ「お母さんだから」とか「ワーキングマザーだよね」といった扱いをされたくない、という人もいました。平日は全力で仕事をしたいから、「お母さんだから」といった甘えを生む言葉は不要であると。そのぶん、週末は全力でお子さんと触れ合いたいとのことでした。

解決策としては、まず自己認識、**自分へのタグ付けを正確に行う**ことがおすすめです。タグ付けとは、「自分は背が高い」「自分は世田谷区に住んでいる」「自分の役職は課長である」「自分は猫とヨガが好き」など、自分を表現する言葉のこと。

これに加え、自分と母性、子ども、家族の関係を自分で設定するのです。

具体的には、「自分は母である」「ワーキングマザーである」「○○くんのママである」「ビジネスパーソンである（特に母は表現しない）」といった、自分でしっくりくる表現の違いを決めます。人から指定された言葉ではなく、自分の言葉を選びましょう。また、「自分は子どもを愛しているけど、職場では子どもの話をしない」とか、「私はカッコいい系ワーキングマザー」「いつまでもふんわり女子でいたいから、母っぽさは出したくない」など、自分のスタイルも言語化します。人それぞれに好みの表現や、さじ加減があるので、この点も自分で決めるのが重要です。

これらの言葉が自分のコンセプトになり、自分へのタグ付けになります。

表現は自分で決めていい

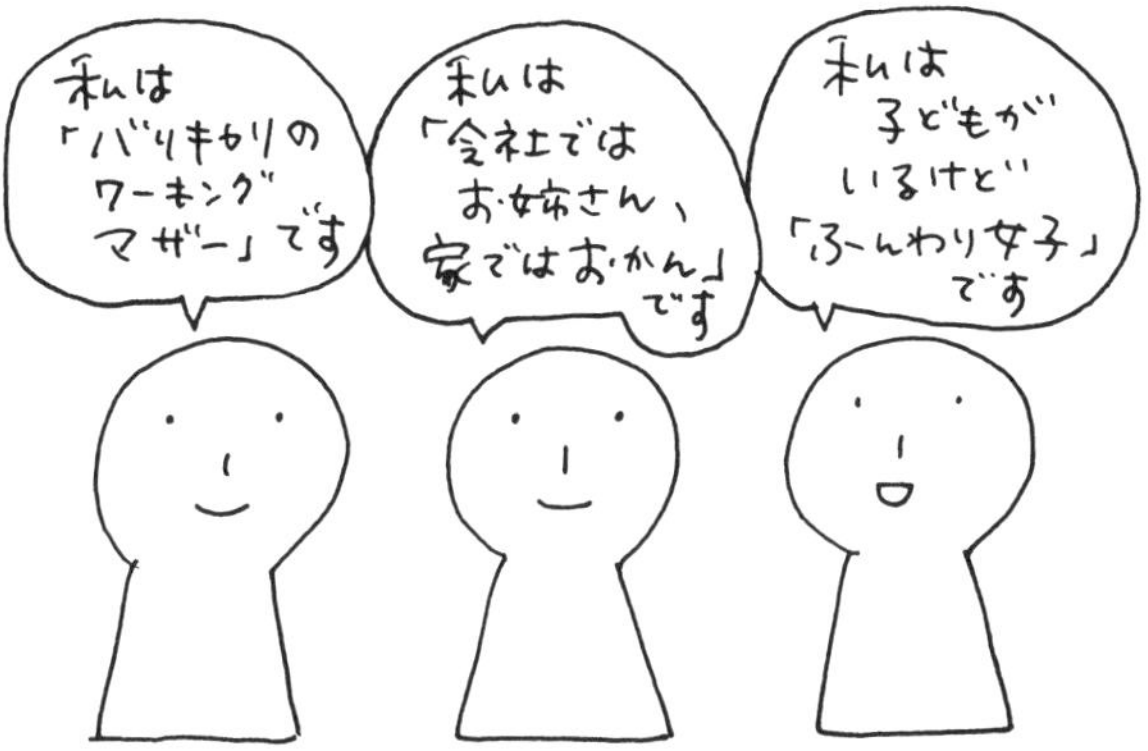

次に、**周囲からそのタグと違うものを押し付けられたときは、キッパリと拒否**します。職場で一般的に使われている言葉や、相手の常識で古くさい定義を押し付けられたとき、それを自分が引き受けずに「断る」ことが重要です。

そして**「私は〇〇です」と自分の定義を宣言**しましょう。私をこのように扱ってください、こう呼んでください、こう呼ばないでください、と伝えます。

自分のイメージを相手に作らせず、自分でコントロールする。それが、パーソナル・ブランディングなのです。

8-14

Q

年齢を気にして、なかなか挑戦できません

A

今日が人生で、一番若い日！100歳まで生きるつもりで動こう厚生労働省の発表によると、２０２２年時点での日本人の平均寿命は、男性が約81歳、女性が約87歳です。

これは「平均」なので、実際には70代以下で亡くなる人もいれば、１００歳まで生きる人もいます。最近よく聞く「人生１００年時代」とは、１００歳まで生きる可能性がありますよ、という意味です。


私は35歳のときに、この事実にふと気づき、１００歳から自分の年齢を引いてみました。そうして、ドキッとしたのです。

「自分はあと65年も生きる可能性があるのか」

同時に、そのとき勤めていた会社の定年が61歳の誕生日だったので、

「あと26年、この会社で働くのか」

とも思いました。


おそるおそる、手元の紙に直線を引いて人生年表を作り、年齢を刻んで、自分の位置をマーキングしてみました。

「年表の右側、めっちゃ長っ！」

そうか、人生まだこんなに長いのだから、何度でもリセットできるし、新しいことをいくらでも始められる。

正直、「やりたい放題」なんじゃないの⁉　とまで思ってしまったのです。

実はその頃、「35歳って若くもなく、新しいことに挑戦するには微妙な年齢だな」などと考えていたのですが、そんな考えはすべて吹っ飛んでしまいました。

会社員には定年制があり、仕事の場で60代以上の人と触れ合う機会は少ないかもしれません。私も、以前はそうでした。

しかし独立起業をしてからは、同じ会社経営者、社長、オーナーというポジションの人と触れ合う機会が増え、60代、70代、80代になっても元気に働いている人がたくさんいることを知りました。

フリーランスや自営業では、**自分で定年を決めずに、生きている限り生涯現役**で働きたいと言っている人もいます。今では私も影響を受けて、「90歳でも元気に働けたらいいなあ」と思っています。

人生年表で自分の位置を確認する

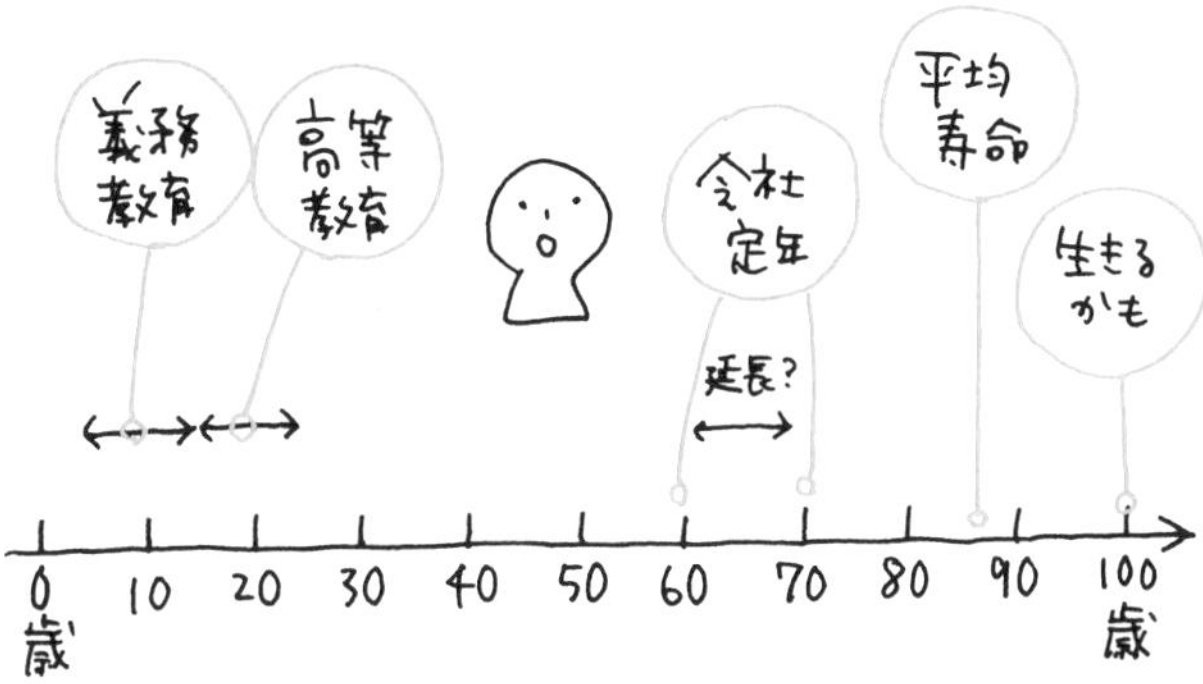

近年、私が登壇したブランディング講座の、最高齢の受講生は83歳です。

地元の山菜を採ってお惣菜を手作りし、販売する仕事をしていた彼女は、自分ブランドを作りたいと講座に参加してくれました。同じ講座にはほかに70代の受講生も数人いて、何歳からでも学ぶことができるのだと、逆に教えられました。

50代でまったく新しい仕事を始めたい、60歳から起業したい、という人たちもブランディング講座にたくさん来ます。年齢をものともせずに挑戦する人たちを見るにつけ、**「今日が人生で一番若い日！」**という言葉を何度もかみ締めています。

8-15

Q

とにかく集客して、一日も早く売り上げを立てたいです

A

ブランディングに取り組んでいる場合じゃありません。商売をしましょう

独立してもお客さんが集まらず、まったくお金が生み出せていない。

返済が迫った大きな借金がある。支払いが目前で、短期的に急いで売り上げを立てないといけない。

自分の担当商品の売り上げが激減して、めちゃくちゃ困っている——こんな人から、「ブランディングで、急いで何とかできますか？」「今すぐ売り上げを立てられますか？」という相談を受けることがあります。

残念ながら、その状態からはお役に立てません。

ブランディングは何でも解決する魔法の杖《つえ》ではありません。よい手法ではありますが、時機があるのです。

売り上げを急ぐ状態の人は、ブランディングより先にやることがあります。

それは、売り上げを生み出す**短期的な「集客」「販売促進」**です。

お客様を集め、今ある商品やサービスを全力で売り込むことです。利益の幅は少ないかもしれませんが、とにかく現金を得ることができます。

自営業なら売れそうなものを仕入れて、小さな利幅でも販売すれば、少しは利益が出せます。安いお仕事でもたくさんこなせば、売り上げが積み重なります。

会社員なら、仕事がありそうなところに行って仕事をもらうとか、過去のお客様に販売促進のご連絡をするなど、短期でとにかくお金を集めることを全力で行う必要があります。

ただこれらは、ブランディングとはすべて真逆の方向のものです。


一方、もう少し戦略的なことを考える時間があるなら、**「商売の設計」「マーケティング」**を行いたいところです。これはターゲットとなる顧客層をよく見つめて、その人たちに気に入ってもらえる商品・サービスを作ることです。

勝ち目のある値段をつけ、場所を決めて販売し、しっかり告知する。マーケティングの4P（プロダクト＝商品、プライス＝価格、プレイス＝場所、プロモーション＝告知）と言われる基礎の部分が明確でないと、お金は稼げません。

お客様をよく知ることで、売れる商品・サービスを作っていく。「売れる仕組み作り」がマーケティングです。

ゆるやかな売り上げ低迷のときに…

一方、社会環境や市場が変わったことで「今までに売れていた商品が売れにくくなってきたのを感じている」とか、「過去のお客様から発注がゆるやかに減っている」、または、「サービスや表現が古くなり、競合が増え始めた」など、変化の兆しが見え始めた状態から、ブランディングを開始するのは有効です。

まだある程度の売り上げを担保している中でしたら、**変化に対応するために、ブランドの方向転換や立て直し、「リブランディング」することもできます。**

これから10年先の未来のために、新しい商品・サービスを開発し、時代に即した新ブランドを作ることもできます。

このように、**ブランディングはあくまで中長期視点で考えるもの。「売れ続ける仕組み作り」がブランディングです。**

ブランディングを中長期で続けることで、自分の存在意義がはっきりし、お客様が集まりやすくなり、短期的な販売促進や集客から抜け出すことができます。

8-16

Q

過去のヤンチャ写真が流出しないか心配です

A

過去は変えられないので、覚悟するしかない。

未来は今から変えられます

実は若い頃にヤンチャしていたことがある。

お金のトラブルがあった。人に恨まれた覚えがある。

恋愛相手にひどいことをしてしまった。

流出したら困る写真が存在する。

今の仕事でどんどん表に出たいけれど、こんな経歴がバレたら炎上するかなあ……。


これ、難しい問題ですよね!

新しいことを推進するバイタリティがある方だからこそ、過去に若気の至りでいろいろやりすぎたという話はよく聞きます。

とある不動産会社の経営者は、現在は会社をいくつも経営するヤリ手で、著書も出しているのですが、「昔はいろいろあった」そう。そのため、**本名でなくビジネスネームで活動**されています。ビジネスネームにした理由は「占いで、字画がよかったから」ということになっています。


別のＩＴ企業経営者は、注目の新ジャンルに挑戦し、話もうまいので、メディア受けが大変よい人。しかし、写真や動画などで顔をなかなか出したがりません。やんわりお訊ねすると、「目立ちたくないんですよね……昔の写真とか、出るのが怖くて……」。あっ、出てはまずい写真がいろいろあるのかな、と察してしまいました。

パワハラやセクハラの基準が、昭和から令和の間に大きく変化し、**以前は「武勇伝」で許されていたものが、許されない時代**になりました。

国際標準の人権感覚が浸透し、企業コンプライアンスも強化。「過去の悪行」により失墜する有名人が後を絶ちません。「あのときの自分、大丈夫かな」と、震える思いをしている人はたくさんいることでしょう。

この点、両親や家族が、有名人、政治家、経営者、地主などをしている2代目・3代目の人たち、いわゆる「アトツギ」たちと話していると、「帝王教育」というものをキッチリ受けていると感じます。

商売は時代の流れとともに変化しますが、**「身綺麗にしておくという感覚」**は時代を超えて変わりません。お天道《てんとう》様が見ている、という表現もあり、誰も見ていないと

今日から身綺麗に行動しよう

思うところでも自分をきちんとしておく感覚を、若いときから教育されているのです。

人から恨まれないよう行動し、お金は綺麗に使う、ヤンチャをするときは証拠を残さない（！）など、徹底しています。

そうでない人は、**今日から身綺麗に行動するしかありません。過去は変えられないけれど、未来は変えられます。**私も、自戒の念を込めてこの原稿を書いています。

万が一、昔のトラブルが再燃した際は、**警察や弁護士など問題解決のプロに早めに入っていただき、誠意をもって対応する**のが損害を大きくしないコツでしょう。

8-17

Q

女性社員のロールモデルとして出世してほしいと言われ、プレッシャーです

A

「女性」すべてを背負う必要はない。ただ「自分」を出していけばいい

1986年に施行された男女雇用機会均等法。
40年近くたって、日本では女性の役職者を増やそうという議論がピークに達しているようです。出世への後押しを会社や上司にされてしまい、プレッシャーに思っているという人もいるのではないでしょうか。

私は、1998年に社会人になりました。転職後の2000年からは女性ファッション雑誌の仕事に10年以上携わりましたが、その頃すでに会社には役員、部長、課長と、たくさんの女性役職者がいて、直属の上司も女性でした。今、振り返ると、さまざまなタイプの優秀な女性たちと一緒に働けて、恵まれた環境だったと感じます。
取引先も、女性経営者や役員、また部長クラスで予算を持って決定権がある女性たちがたくさんいました。

こんな環境で25年近く、仕事ができる人たちと一緒に働いてきたからこそ、ビジネスの現場で「女性だから」「女性なのに」という言葉は、まったく関係ないということを知っています。**仕事の場においては、単に仕事の能力、人と付き合うための人格、**

個性、そういったもので評価されます。

さて冒頭のお悩みですが、まず、あなたが「女性」すべてを背負う必要はありません。**世の中の半分にあたる女性全体を、あなたひとりが背負うことはできません。「会社の女性代表」になる必要もありません。**

ただ**「自分」を出していけばよい**のです。

自分の特性、仕事で大切にしていること、仕事のやり方で嫌いなこと。

自分はこう扱われるのは嬉しい、こう扱われるのはイヤだ。

これらの考えが、周囲に伝わることが大切です。

「自分」に出世への期待がかかっているのだとしたら、**「自分の特性」に期待がかかっているということ**です。その特性とは、仕事のやり方だったり、人とのコミュニケーション能力だったりして、そのひとつが女性であることかもしれませんが、それは自分の一部分にすぎません。

もし会社で「女性社員のロールモデルに」と言われたら、私ならこう答えます。「私の能力や仕事ぶりに期待していただき、昇格させていただくのは嬉しく光栄に思います。でも、会社の女性すべての代表を背負うことはできません。女性代表ではなく、私個人を見てくれているのなら、ぜひお引き受けしたいです」

相手はそれで、目の前の人に女性代表として過度な期待を押し付けていることに気付いてくれるのではないでしょうか？　いちいち、こういう反論をするのは面倒ですが、これは最初に指名された人の責任かもしれませんね。

かくいう私も、よく「女性経営者」とか「女性起業家」のジャンルに勝手にくくられることがあるのですが、一般の記事やセミナー紹介などの場合は、単に「経営者です」「起業家です」と表記を訂正してもらうようにしています。

なお、私が「女性」を使うのは、「女性経営者の会」に参加するときだけです。違う畑で活躍する、年齢も経歴もさまざまな女性経営者、女性社長が１００人も集まったら、それはもうパワフルで遠慮なしです。一歩会場に入ったら、そこにいるのは全員が女性なので、単に「経営者の会」になります。ジャンルの分類って不思議ですね。

8-18

Q

男性受け（女性受け）している自分を変えたいです

A

そろそろ「男だから」「女だから」をやめませんか？　ユニセックスが世界の潮流です

女性向け、男性向けのビジネスというのはそれぞれありますが、**圧倒的に現代的なのは「ユニセックス」という感覚**です。

ユニセックスとは、男女の区別がないという意味。元々はファッション業界の用語で、化粧品や家電に広がり、それらを作ったり販売したりする企業、また報道関係にも言葉が広がっていきました。

私は、これからのビジネスを作るときに、この「ユニセックス感覚」ははずせないと考えています。逆に、過剰な性別表示や、性の商品化といったものが受け入れられにくい社会情勢になってきていると感じます。

例えば男性クライアントから、「今のところ、自分の営業先は男性担当者が多いのだが、女性担当者にも好かれるようにするにはどうしたらよいか？」という相談を受けることがあります。そんなときは「ユニセックスという考え方を取り入れてみてはどうでしょう？」とご提案します。

性別の話を排除すると、先ほどのクライアントの話は「自分の営業先は、スピード感がある相手が多く、仲間内からの紹介が多い。スローテンポな人や、新規のお客様にも好かれるようにしたい」という意味だったりします。

ここには男性＝スピード感がある、女性＝スローテンポといった無意識下の決めつけがあることに気付きます。紹介や新規などお客様の状態も、**性別を排除すると正確に把握することができます。**

ユニセックス感覚で考えることで、より自分の世界観やテイスト、お客様への受け入れられ方について、粒度の細かい話をすることができるでしょう。

古い常識や固定概念を取り除くことで、新しいブランドや、ビジネスモデルが誕生するかもしれません。

表現のグローバルスタンダード

表現の世界では、この傾向がかなり顕著です。例えば服装や写真のテイスト、デザインの方向性などについても、男性らしい服装、女性らしいデザインという概念はかなり薄くなってきました。中性的な表現、ユニセックスな、ニュートラルな表現が世界の常識になりつつあります。

ＬＧＢＴＱといった多様な性を受け入れることも、今や常識になりつつあります。

ユニセックスが世界の潮流

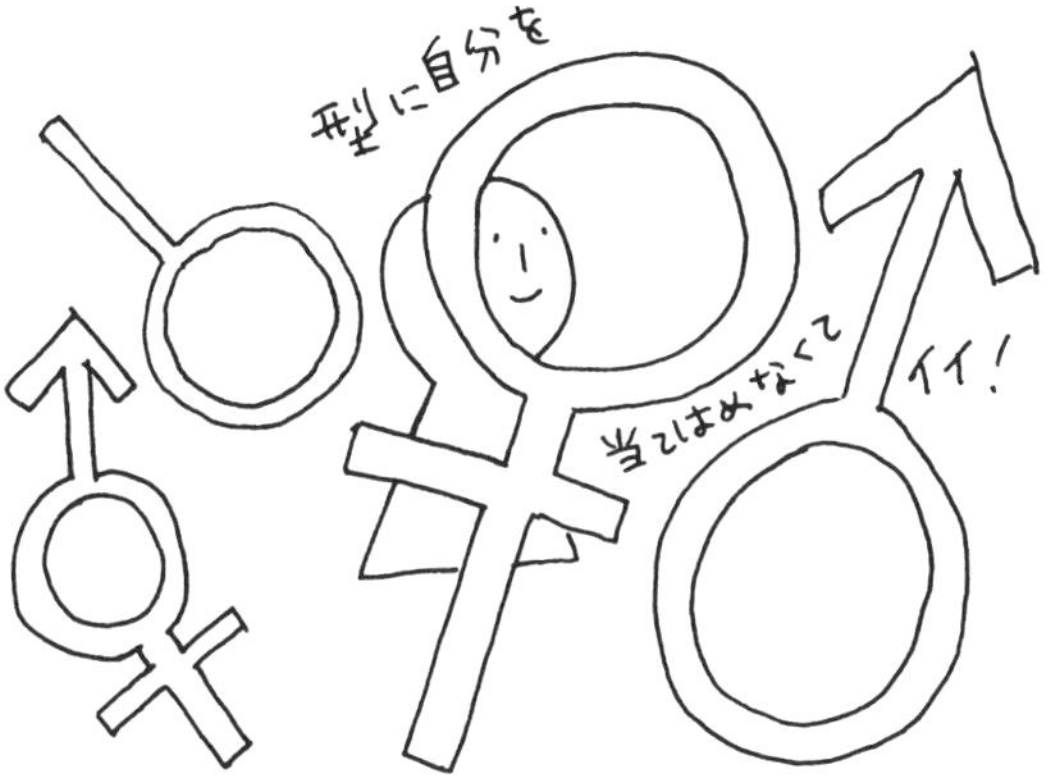

なお、実は年齢についても、同じことが言えます。**人生１００年時代となった現代、20代でも、70代でも「初めて何かをする」人がいるわけです。**

「冒険するのは若い人」「落ち着いているのはベテランの人」、こういった無意識の決めつけが、自分の首を絞め、ビジネスの可能性を狭めることになります。

人をタイプに当てはめて判断する、自分を従来の枠組みに入れて制限する。

これらは自由で生き生きとしたパーソナル・ブランディングの対極にある行為だと感じます。**人はどのように生きてもよい**と、強く信じたいです。

8-19

Q

ライバルと、圧倒的な差を付けるためには
何をすべきですか？

A

圧倒的な差が付いている自分を
明確にイメージして、とにかく行動しよう

センスや特性を醸成するためには、行動の量が必要です。

人間に与えられた24時間365日という同じ時間の中で、その行動量をこなすためには、スピードが必要です。**つまり差を付けられるのは「早く行動する人」。**

悩んでいたり、迷っていたりする人には、「まず、とにかく1回やってみたら？」「やってみてイヤだったら修正したらいいんじゃない？」とよくお伝えするのですが、とにかく行動することが肝心です。

パーソナル・ブランディングにおいては、例えば自分のポートレートをいろんなフォトグラファーに撮っていただき、自分の見え方を研究していれば、どんな写真が自分らしいかわかってきます。

ブログをたくさん書いていれば、その人の考え方や言葉遣いの特性が周囲に早く伝わっていきます。またどんな記事が読まれるのか、記事がどんなふうにシェアされていくのかなどが確固たる数字でわかってきます。

いろんなタイプのパンフレットや資料を作成し、印刷物をいろいろ試していたら、どんな資料がどのような反響を得られるか、費用をいくらかけたらどういう仕上がりになるのか、印刷会社ごとの仕上がりの違いなどが、つかめるようになってきます。
これが、行動の量からセンスや特性が生まれるということです。

家でネット番組をぼんやり見ていただけで、気が付いたら周囲と圧倒的な差が付いていた！　なんてことはありません。圧倒的な差を付けたいのであれば、圧倒的に行動することが絶対に必要なのです。

では、なぜこの「行動」ができないのでしょう？

それは、**企業が全力で、あなたの時間を奪いに来ているから**です。

新しくて楽しい商品、素敵なエンタメ、行くべき場所や見るべきもの、買うべきもの、試すべきものが、世の中にたくさんあるからです。いえ、正しくは「ある感じ」がしているだけです。

自分に集中したい人は、「これは必見！」とか「これは絶対買うべき」だという番組や記事は、しばらくすべて無視しましょう。必見の何かを見ているひまがあったら、

ゴールイメージが明確だと成功しやすい

あなたは**自分の生き方を考える「内省」に時間を割き、自分のブランディングと伝える行動に時間を費やすべき**なのです。

外的要因を断って、自分に集中することを覚えないと、自分の人生が企業のマーケティングに踊らされてしまいます。

そのとき、**圧倒的に理想のポジションにいる自分をイメージすることも有効**です。

自分ブランドのゴールイメージがはっきりしていれば、自分の人生で何を優先すべきなのかよくわかります。やめるべきことも見えてきます。

成功している人たちは皆、このゴールイメージがとことん明確だと感じます。

Q

ブランディングって、
お金と時間はどのくらいかかるのでしょうか？

A

無料でもできることがあります。
時間はある程度かかります

費用の面から回答すると、**無料でできることもたくさんありますし、自分への中長期的な投資として、ある程度の費用をかけることもできます。**

無料であれば、例えば図書館の本やＹｏｕＴｕｂｅで、文章の書き方、写真や動画の撮り方、説得力のある話し方、デザインの基礎などを学んでみてはどうでしょう。これらは自分らしい発信力の基礎となります。

また、自分のミッションやビジョンを練り、それに対して文章・画像を作り、ＳＮＳやブログで発信し始めるのも無料です。自分で記事を書いて、新聞や雑誌に投稿することもできます。

同業者やライバルのホームページの構造をよく見るとか、パンフレットを取り寄せるなどの研究も、費用はかかりません。ライバルを毛嫌いせず、しっかりと研究しベンチマークにすることで、自分との違いはどこか？　と考えるきっかけにもなります。

レベルアップや即効性を求めてプロに相談すると、それなりの費用がかかります。

例えば制作会社にホームページの制作を依頼する、フォトグラファーにポートレートの撮影を依頼する、撮影の際にヘアメイクやスタイリストを依頼する、デザイナーにロゴマークや名刺・パンフレットの制作を依頼するなどです。それらの際に、機材やソフトウェア、衣装などの購入費用がかかることもあります。

ブランディング全般や、書籍の商業出版、SNSの発信の方向性などは各種コンサルタントがおり、個別相談に乗ってもらえますが、費用がかかります。

ですので、「ブランディングにお金がかかりますか?」という質問に対しては、**「現在の状態と、求めるレベル、急ぎ具合による」**という回答になります。

表現のグローバルスタンダード

ブランディングに時間がかかりますか? という質問には、YESです。

まずブランドの骨格となる言葉、ロゴマークや色を決め、販売メニューを作り、ウェブやSNSを一貫して整備していくのは、数日ではできません。

私のクライアントの場合は、大体3カ月間ぐらいかけて実施します。

ブランディング以外に、日ごろのお仕事や生活もあるでしょうから、自分に集中し

ブランドは時間をかけて浸透していく

ていただく時間を週に何日か用意してもらうことも必要になります。

また、**発信を開始してから、ブランドが周囲に浸透していくのにも時間がかかります。**「あの人って、こんな人だよね」と周囲にイメージの根を下ろし、評判ができ上がってくるまでには、短くて1年、本格的には3年、5年といった時間が必要です。

ブランディングは長期視点で取り組むもの。私自身は自分ブランディングを開始して10年となりましたが、年々、ブランドの意義が増幅していることを感じます。**時間を味方につけることで強いブランドを作ることができる**と断言できます。

Appendix

巻末付録

自分を愛する「褒め言葉」リスト

自分を褒める言葉のボキャブラリーを増やそう！

自分自身を表現する「褒《ほ》め言葉」を集めました。自分にぴったりくる言葉を見つけることで、自分を愛することができます。日本語の美しい表現も堪能してください。また、相手を丁寧に褒めたいとき、お仲間を応援したいときにもご活用を。これを機に、単調な「カッコいい」「すごい」「ヤバい」の使い回しからは卒業しましょう！

このような表現は掲載していません

◆「〜がない人」など、否定することでよさを伝える言葉（例＝悪意がない人）

◆自分で自分を表現するときに使わない言葉（例＝かわいい人、愛すべき人）

◆上下関係を感じさせる言葉（例＝〜がうまい人、扱いやすい人）

◆よくも悪くも取れる表現（例＝我が道を行く、感覚派、保守的など）

静かな人を表現する言葉

▼謙虚
▼飾らない人柄
▼かろやか
▼こまやか
▼傾聴タイプ
▼飄々《ひょうひょう》としている
▼穏やか
▼情が深い
▼丁寧に生きている

▼素朴
▼さっぱりしている
▼実直
▼優しい
▼聴き上手
▼淡々としている
▼ゆったりしている
▼温和
▼芯がある

静かさを自分から人に伝えるフレーズ

「さっぱりした性格だと思っています。遠慮なく何でもお伝えください」

「お客様の話をじっくりお聴きして、丁寧に対応します」

明るい人を表現する言葉

- 気さく
- 快活
- 前向き
- 未来志向
- 笑わせたい
- 好奇心旺盛
- 開放的
- イキイキしている
- 面倒見がいい

- ほがらか
- 笑顔が似合う
- ポジティブ
- 柔軟
- 盛り上げたい
- 新しいことが好き
- 協調性が高い
- コミュニケーションを大切にしている
- 相手の懐に入るタイプ

明るさを自分から人に伝えるフレーズ

「とにかく笑顔で、前向きに仕事をしたいと思っています」

「面倒見がよいタイプと、よく言われます。仲間たちと一緒に活動するのが好きです」

やる気のある人を表現する言葉

- スピード感がある
- 行動力がある
- チャレンジ精神
- アグレッシブ
- 熱量が大きい
- 縁の下の力持ちタイプ
- 勇気がある
- 勤勉である
- 世の中をよくしたい

- 失敗を恐れない
- 積極的
- 適応能力が高い
- 突破力がある
- 芯がある
- 統率力がある
- 探究心がある
- 邁進している
- 受け入れる力がある

やる気を自分から人に伝えるフレーズ

「チャレンジ精神を大切に、勇気を持ってどんどん進むつもりです」

「縁の下の力持ちとして、チームをまとめ上げていきます」

知性・能力のある人を表現する言葉

▼情報収集力がある
▼交渉スキルがある
▼合理的思考ができる
▼戦略性がある
▼グローバル視点がある
▼～に造詣が深い
▼～で評価が高い
▼継続力がある
▼仕組み化ができる

▼分析力がある
▼プレゼンテーション能力が高い
▼論理的思考ができる
▼問題解決能力が高い
▼～に精通している
▼～に専門性がある
▼～の経験値が高い
▼ファシリテーション能力が高い
▼教養がある

知性・能力を自分から人に伝えるフレーズ

「長くやってきたので、交渉スキルについては自信があります」
「調査の専門家として、お客様にご評価いただいています」

創造力が豊かな人を表現する言葉

- 感性を大切にしている
- 表現力がある
- 言語化能力が高い
- ユニークな発想をする
- こだわりがある
- 多才
- 芸術家肌である
- 伝えたい気持ちが強い
- 集中力がある

- 子ども心がある
- 発想力が豊か
- ビジュアル化能力がある
- 独創的
- 企画力がある
- 美意識が高い
- 独自の世界観をつくりたい
- 唯一無二の存在でいたい
- 美学がある

創造力を自分から人に伝えるフレーズ

「言語化能力は高いほうです。皆さんのイメージをかたちにするお手伝いをします」

「こだわり抜いて、とにかく独自の世界観を作りたいと思っています」

重みのある人を表現する言葉

- 堅実
- 粘り強い
- 超が付くほどまじめ
- 初志貫徹タイプ
- 落ち着いている
- 渋い
- リーダーシップがある
- 貫禄がある
- 包容力がある

- 冷静
- 忍耐力がある
- 責任感が強い
- 人情派
- 重厚感のある
- 迫力がある
- 頼りがいがある
- 堂々としている
- オーラがある

重みを自分から人に伝えるフレーズ

「堅実に自分の仕事を積み上げて、お客様にご評価いただきたいです」

「責任感を持ってやってきました。リーダーとしてさらに頼られる存在を目指します」

Epilogue

あなたの言葉や物語から、この本が生まれた

2013年、会社を辞めて「ブランディングの仕事で独立したい」と周囲に伝えたとき、「ブランディングなんて聞いたことがない」「そんなものでメシが食っていけるのか?」と、多くの人に心配されました。当時の日本は、そんな時代だったのです。

しかし私は、ブランディングに、人生を「全賭け」することにしました。最初のうちは、名刺を出しながら、自分の職業を説明するのにずいぶん苦労しましたが、徐々に時代の波が応援してくれることを、肌で感じてきました。

この10年間で2500人もの方々に、パーソナル・ブランディングのご支援をしてきました。セミナーに参加して、たくさんの質問を投げかけてくれた方々。軍師として伴走しながら、ともに言葉や表現をひねり出してきたクライアントたち。一緒に笑ったこと、拍手したこと、心を痛めたこと、ともに泣いたこと。そんな皆さんのお

かげで、独立してちょうど10年目の２０２４年、この本が生まれました。

　すべて私が書いた原稿ながら、不思議なことに私の言葉ではないような気もします。その理由は、本書には皆さんとの対話の記憶、皆さんが魂から放った言葉の記録がぎっしりと詰まっているからです。

　私がなぜ、ブランディングが好きなのか。それは人の個性が解放され、自由になる瞬間に立ち合えるからです。「この世に一人として、同じ人はいない」。そんな当たり前の事実を、何度も目の当たりにしてきました。

　本書をきっかけに、パーソナル・ブランディングを取り入れ、自由な人生をデザインする人が増えることを心から願います。

謝辞

本文中の事例や歌、写真の掲載をご快諾いただいた、梅津絵里さん、安達充さん、Ｋｅｉｋｏさん、石原尚幸さん、原佳弘さん、陣野壮太郎さん、平手敦さん、石山照実さん、原哲也さん、佐伯紅緒さん、西澤潤さん、宮澤理恵さん、本当にありがとうございました。おかげさまで、原稿に具体的な説得力を持たせることができました。

10年にわたり、私とともに数多くのビジネスパーソンの写真を撮影し、本書でも複雑な撮影に挑戦していただいた、フォトグラファーの鈴木智哉さん。一般の人を素敵に見せることに情熱を注いでいるヘアメイクアップアーティストの川村聡子さん、スタイリストの吉川浩太郎さん。3人のプロフェッショナルに心からお礼申し上げます。

そして、出版プロデューサーの森田葉子さん、三笠書房の皆さん。このチームの熱意と能力のおかげで、私の想像を大きく超えた、緻密で美しい本を出すことができました。本当に感激しています。

２００８年の協会設立以来、ブランディング講座のカリキュラム開発と普及を推進してきた一般財団法人ブランド・マネージャー認定協会の皆様にも敬意を表します。

最後に、私をいつも元気にしてくれる最愛の夫、落合政光にも、心からありがとう。編集者だった父は、この本を天国で見て喜んでくれるかなと思います。

守山菜穂子

参考文献

・一般財団法人ブランド・マネージャー認定協会「ベーシックコース」「パーソナルブランディング講座」テキスト
・書籍『ブランド・マネージャー資格試験公式テキスト』（田中洋［監修］、一般財団法人ブランド・マネージャー認定協会［著］、中央経済社）

選《えら》ばれる人《ひと》になる
「パーソナル・ブランディング」の教科書《きょうかしょ》

著・イラスト――守山菜穂子（もりやま・なおこ）

発行者――押鐘太陽

発行所――株式会社三笠書房

〒102-0072 東京都千代田区飯田橋3-3-1
電話：(03)5226-5734（営業部）
：(03)5226-5731（編集部）
https://www.mikasashobo.co.jp

印　刷――誠宏印刷

製　本――若林製本工場

ISBN978-4-8379-2986-4 C0030
JASRAC 出 2403820-401